中国近代の巨人とその著作

曾国藩、蔣介石、毛沢東

京大人文研漢籍セミナー 8

村上　衛
森川裕貫 著
石川禎浩

研文出版

目　次

はしがき

13回目となる今回の漢籍セミナーは、近代史上の巨人たち三人（曾国藩、蒋介石、毛沢東）の著作をひもとく企画である。と言いながら、かれらの著作は「漢籍」と呼べるのかという疑問を持つ方もおいでではなかろうか。いささか言い訳めくが、少し前置きの説明をしておこう。通常、「漢籍」とは漢文で書かれた中国の書籍のことを指すが、この場合の「漢文」とは、おおまかに言って、古い中国語（古漢語）という意味である。さらに、通念上、漢籍はおおむね糸綴じ本（線装本）という形態をとると理解されている（ただし、洋装本でも、内容によって漢籍に区分されることはある）。

こうした基準に照らした場合、三人の巨人のうち、曾国藩の著作が漢籍に該当することに、ほぼ異論は出ないだろう。現に日本の各大学図書館に所蔵されている漢籍の目録には、曾国藩の著作集（曾文正公全集）が漢籍の分類（叢書部 一人所著書類 清季之属など）に従って収録されている。一方、蒋介石の方はどうかといえば、通常は漢籍扱いされず、「中国書」と呼ばれる。本書で扱われているかれの『中国之命運』などは、現代中国語（ただしかなり文語的）で書いてあり、形態面でも洋装本だからである。毛の著作も同様で、例えば普通は『毛沢東選集』などを漢籍とは呼ばない。これも一般には、中国書と呼ばれる。

だが、蔣介石や毛沢東の著作に「漢籍」に相当するものがないかと言えば、これがあるのだ。蔣介石の場合で言えば、民国20年（1931年）に中華書局から出版した『自反録』六巻は、わが人文研では漢籍扱いになっていて、「集部 別集類 近人之属」に分類されている。『自反録』は、当時権力の座にあった蔣介石が、公文類を中心に自分の文章を集成し、線装本として刊行したものである。文章自体が文語体であることなどを考慮すれば、確かに漢籍に分類されてもおかしくはない。他方、毛沢東のものも、その伝統的スタイルの詩詞を集めて線装本に仕立てた『毛主席詩詞三十七首』（1963年、文物出版社）などは、図書館によっては漢籍として扱われている。今回のセミナーで取り上げられている毛の著作は、その詩詞だから、広い意味で漢籍といってもよかろう。

という具合に、曾国藩、蔣介石、毛沢東、いずれも「漢籍」と見なされるものを著述しているとは言えるのだが、やはり大きく言えば、曾国藩の時代から蔣介石を経て毛沢東の時代に至る約100年ほどの間に、中国の書物・出版の歴史において、「漢籍」から「中国書」へという大きな変化が起こったことは争えない。むろん、その変化は単に著述や出版の世界に、孤立して起こったものではない。よく知られているように、その100年こそは、中国における近代という時代であって、国内の混乱や革命、あるいは国外からの侵略にさらされ続けた苦難の100年だった。「漢籍」から「中国書」への変化も、そうした苦難、国難から脱却するためになされた様々な試みの一つにほかならない。西洋型印刷技術・製本技術の導入と普及、書物に盛りこまれる西洋起源の思想とそれを受け入れる読者の広がり、そして言語自体が古漢語から現代漢語へと転換した結果、100年の間に、中国の書物はそれ自体も大きく変貌し、また同時に中国を変えたのである。

おおよそ100年に及ぶ近代は、支配体制の面では清朝、民国、人民共和国の三つの時代にまたがる。戦乱の相次いだこの激動の時期に中国を大きく動かした政治家こそが、曾国藩、蔣介石、毛沢東だが、この三人にはそれぞれ特色ある軍（湘軍、国民革命軍、人民解放軍）を率い、時代を切り開いたという共通点がある。近代史上の巨人といえば、このほかに孫文の名が当然にあがるが、かれには自ら大きな軍を率いたという経験がない。また、伝統文化への関わりという点でも、儒教的修養が骨まで染みついた曾国藩、そしてその曾国藩への傾倒は、蔣介石にあっては生涯を通じて、また毛沢東にあってはその若き日に顕著だが、孫文にはそれに類したエピソードを聞かない。あえて孫文をはずし、この三人を選んだゆえんである。

村上衛の曾国藩論は、かれの残した日記などをもとに、曾の家計（公的活動を含む）を論じる。その表題「士の家計簿」は、言うまでもなく、磯田道史氏のヒット作『武士の家計簿』を踏まえたものだが、同じく「士」とは言っても、中国の士と日本の武士では、そのありようがかなり違うことが具体的に紹介されている。むろん、曾国藩は太平天国を平定して、清朝を救ったほどの人物だから、その公的収支の側面では、加賀藩の一藩士に過ぎない『武士の家計簿』の主人公とはそもそも比べるべくもないが、家計や処世にかんする日中の「士」の比較は、国のスケールの違いをはじめとして、我々に実に多くのことを教えてくれる。

森川裕貫の蔣介石論は、蔣の代表作の一つ『中国之命運』(1943年)を取り上げ、特にその外界からの評判、反応を中心に論じたものである。曾国藩、毛沢東もそうだが、確固たる地位を築いた政治指導者の著作物の場合、その中身もさることながら、著作が引き起こす反響や評価の変遷がそれにおとらず重要なことも多い。蔣の『中国之命運』こそは、その種の本であった。西洋列強、および日本から強いられた抑圧のくびきを脱すること、それをおのれに課した蔣介石は、第2次世界大戦で英米の支援を受けて日本と戦いながらも、自由主義など西洋流の価値観にはどうしても賛同できなかった。そうした自分の主張を表明することが、個人の見解から離れて中国の主張と見なされ、同盟国の懸念を呼びかねない時に、蔣介石はどうしたのか。国際社会における中国的価値観の拡大とそれが引き起こす紛糾という今日的問題を考える上でも、示唆に富む内容である。

そして、石川禎浩の毛沢東論は、かれの伝統的文人の側面に光を当てる。「文化大革命」の号令によって旧文化の刷新を訴えた革命家・毛沢東が、その間も古典スタイルの詩詞を作り続けたのはなぜか。日中国交正常化の前後に日本の政府首脳に『楚辞集注』や『懐素自序帖』といった古典書を贈ったのはなぜか。９万冊もの蔵書を集め、国宝級の書法の作品を鑑賞し、また自らも独特の筆遣いによる作品を生み出した毛と、「偉大なる領袖」としてのかれはどのような関係にあるのか。革命にたいする評価が激変し、いまやマイナスイメージが支配的になりつつある毛について、改めて知るべきことは、まだまだ多いのである。

単なる政治家の枠では収まりきれないかれらの多面性を理解することは、現在の中国を多面的・重層的に見ることにもつながるはず、上記三つの講演は、2018年３月12日（月）に東京の一橋講堂中会議場で、そう願って行われた。当日の来聴者は約160人、東アジア人文情報学研究センター長・岡村秀典の開会挨拶にはじまり、講演後の活発な質疑応答まで、充実した会となったのは、清聴して下さった方々と準備にあたってくれたセンター関係者の尽力のおかげである。ここに改めて感謝申し上げると共に、本書によって当日の講演がより多くの方の目に触れるよう願ってやまない。

2018年９月

石川　禎浩

「士」の家計簿——曾国藩の著作より——

村上　　衛

はじめに

まず、タイトルから解説したい。同じ「士農工商」という語であっても日本と中国では「士」が指すものはまるで異なっている。江戸時代の日本の場合、「士」はもちろん武士を指す。江戸時代を通じて武士の人口は40〜50万人。家族含めて200万人程度だった。日本の人口は、17世紀初頭は1,200〜1,700万人であったが、17世紀中に激増して18世紀初頭に3,000万人に達する。つまり、武士人口は、江戸時代初期は総人口の12〜17パーセント程度であったのが、18世紀以降は6〜7パーセントとなり、割合は減っていたものの、総人口の中の相当部分を占めていた。

中国で「士」は士大夫を指す。知識人、読書人ともいわれる人々のことである。太平天国の反乱（1851〜1864年）が起こる前は110万人、家族含めて550万人程度になる。曾国藩の時代の中国の総人口がほぼ4億3,000万人であったとすると、士大夫は人口の約0.256パーセント、家族を含めると約1.279パーセントになる。したがって、日本の武士の比率の数分の一である。もっとも、現在の日本における医師の対人口比率の0.245パーセントよりも高く、人々が十分アクセスできる範囲内に居住していたともいえる。

「士」の家計簿というタイトルは、もちろん磯田道史氏の『武士の家計簿』から思いついた。『武士の家計簿』は映画化もされてい

図1　曾国藩
出典：『曾文正公手書日記』

るのでご存じの方も多いと思う。磯田氏が神田神保町の古書店で入手した「金沢藩士猪山家文書」にあった1842〜1879年の家計簿は、猪山家が加賀藩の御算用者、すなわち「そろばん係」であったために非常に完成度の高い家計簿であった。この家計簿から、猪山家の幕末明治初期における家計状況が詳細にわかった。猪山家の家計は常に赤字傾向であったが、その赤字の原因として磯田氏が「身分費用」と呼ぶような、親族関係を中心とする祝儀交際費の負担が重かったことがある。そうした赤字を解消するために衣類や茶道具、書籍をはじめとする大半の財産を処分し、衣類をほとんど購入しないなど、節約につとめたことは印象深い。そしてこの「武士の家計簿」の時代はまさに曾国藩の活躍した時代と重なっていた。

曾国藩（1811〜1872）は高校世界史の教科書でもかならず登場する有名人である。曾国藩は当代一流の政治家であり学者でもあったが、なんといっても、世界史上空前の大動乱となった太平天国の乱鎮圧に大きく貢献したことで名高い。もっとも、曾家には猪山家のような正確な「家計簿」存在しない。しかし、中国において張宏傑氏の手による非常に興味深い曾国藩の家計に関する研究書が出たこともあり、それをもとに、日本ではほとんど知られていない、清代の知識人、あるいは中国の知識人の経済生活について紹介してみたい。

曾国藩の一生は、科挙の殿試に合格して上京し、北京で官僚勤めをしていた京官の時代（道光18年（1838）～咸豊2年（1852））、太平天国に対抗するために故郷の湖南省で湘軍を編制してそれを率いていた時代（咸豊2年（1852）～同治3年（1864））、そしてこれと重複する時期もあるが、両江総督に任じられて以降の督撫（総督・巡撫）の時代（咸豊10年（1860）～同治11年（1872））に分けることができる。とはいえ、湘軍時代・督撫時代は「戦時」であったうえに、曾国藩は中国の最重要人物となっていったから、「家計」の範囲も大幅に拡がり、その規模も一般の「士」とは隔絶することになる。そこで、出世街道を歩み始めたばかりの京官時代初期を主にとりあげてみたい。曾国藩の家計を通じて、士大夫の懐事情を知るとともに、19世紀半ば以降に中国と日本が大きく異なる道を歩んでいった、いわゆる日中の「小分岐」の背景について考えてみたい。

1　北京入りまで

進士までの道のり

科挙の受験者は男子に限定され、身元保証などの必要はあるものの、本来は非常に開かれた試験であった。もっとも、何段階もの試験を経なくてはならないシステムになっているから、幼い頃から家庭教師をつけ、また受験のための旅費などの相当の費用を要した。したがって、実際には普通の農民が受験するのは困難であったといえるだろう。科挙の受験者は200万人程度だから、1850年代には成年男子の人口の１パーセント強になる。現在の日本において国立・私立小学校の同年齢人口に占める割合は1.5パーセントを上回っており、受験の倍率の高い小学校も多いことを考えると、「お受験」をする世帯よりはるかに少数ということになるから、相当金銭的なハードルは高いことになる。

金銭面だけでなく、試験そのものが多くの段階を経る必要があり、すべて突破するのは非常に困難であった。試験は行政の末端が置かれている県城における県試から始まり、府試、院試を経て、やっと生員（秀才）になることができる。それから歳試、科試そして各省の省都ないし北京の貢院（受験場）における郷試を経て挙人となる。そこから北京に赴いて、挙人覆試、会試、会試覆試、殿試を経て、進士に到達する。その後にも朝考、翰林院に残った場合には「卒業試験」である散館といった試験があるから、最後まで気が抜けないことになる。郷試の受験会場であった貢院は牢獄の独房のような小型の部屋が何千、何万と並んでおり、その部屋で３日間にわたって行われていた。現在の大学入試のように、受験生への「温かい」配慮はほとんどなく、精神的にも限界に追い詰められるような試験であった。

科挙の受験がどれだけたいへんかを数字で見ていこう。1850年に科挙を受験した200万人の読書人のうち生員になるのは３万人（1.5パーセント）にすぎない。挙人になると清代の定員は1,200～1,700人で、進士にいたっては、清代の試験あたり定員は平均で239人、年平均は100人にすぎない。このような激しい受験競争のために、受験対策もきわまって、70余万字を書き込んだカンニング用の下着まで作られるほどであった。こうした厳しい試験に、曾国藩は挑戦することになる。

嘉慶16年（1811）、曾国藩が生まれたのは湖南省長沙府湘郷県、現在の婁底市双峰県になる。曾国藩生誕時に曾家は100余畝の農地をもっていた。１畝は約667㎡なので、約6.67haになる。家族は８人で１人平均12.5畝となり、小地主であったとされる。清朝政府が課税対象となる耕地面積の把握を事実上放棄していたため、当時の耕地面積についての正確な数値を得ることは不可能である。とはいえ、おおまかな数値としては『嘉慶会典』にもとづく梁方仲の数値が参考になる。それによれば嘉慶17年（1812）当時、１人あたりの平均耕地面積は全国が2.19畝、湖南省が1.69畝とされる。政府が把握していない耕地もあったため、湖南省の１人あたり耕地面積は実際にはこれよりも広かったと考えられるが、いずれにしても曾家は平均を大きく上回る土地所有となる。もっとも曾家の科挙の成績はさほど振るわず、曾国藩の父親である曾麟書が道光12年（1832）に生員になるのが精一杯であった。

ところが、曾家の命運は曾国藩によって一気に変わる。曾国藩は道光13年に父親に１年遅れて生員となり、翌14年には24歳で挙人となり、父親を追い抜いてしまう。さらに２度の会試での失敗を経て、道光18年（1838）に27歳の時に会試・殿試などを経て進士となった。さらには殿試の再試験ともいえる朝考では抜群の出来で、第一等第三名になり、道光帝は自ら曾を第二名として抜擢した。そこで曾国藩は高級官僚予備軍をプールしている翰林院の見習いである翰林院庶吉士となり、その出世の道は一気に開けることになる。

北京入りのための費用工面

科挙に合格し、翰林官庶吉士となった曾国藩は一時故郷に戻ることになるが、そこで彼は何を行ったのだろうか。『曾国藩日記』はちょうど曾国藩が湖南省に帰省していた道光19年１月から始まるが、下記のような記述が続く。

道光一九年（1839）

正月

初一日

家居。季洪弟受風寒。夜寫散館卷一開半。

初二日　天陰

請客四席。夜寫卷一開。

（中略）

十六日 晴

早飲姊婿家。飯後，走歐陽滄溟先生家，僕一人，肩輿八人。是日彼家二席。

十七日 晴

飯後由岳家走歐陽宗祠，共八席。夜宿陽祠。

十八日 陰

由歐陽宗祠走廟山家祠。夜宿洣石渡王家，家祖亦宿此。

十九日 晴

由王家至宗祠。

廿日 陰

在祠。走各處墳山掃墓。

廿一日 陰

在祠。祠內經管請外姓人吃酒，四十餘席。夜大雨。

ここから、元日は自宅で散館の試験の準備をしているが、1月2日に自宅で宴席4卓を設けて客人を接待しているのが分かる。16日には朝、姉婿の家でお酒を飲んだ後、従僕を連れて歐陽滄溟の家に輿に乗って出かけ、そこで2卓の宴席を囲んでいる。17日には岳家から歐陽氏の宗祠に赴き、そこで8卓の宴会が行われ、宿泊している。21日には廟山の家祠において管理人が曾氏以外の人を招待して酒宴を開き、40余卓を出す大宴会になっている。5月には下記の記述がみられる。

五月
十一日 晴
由秧田過昭陽河十五裡，南京橋廿裡，於衝鋪廿裡，耒陽縣城。會縣令宋君並其客劉鏡清，曹心齋，舊好也。
十二日 晴
早，飲宋公署中。宋名鳳翔，號于庭，博通能文，頗有著述。飯後，曾氏鎮南，冠群來，接入祠內住。寫對聯。
十三日 晴
住曾氏祠。辰後拜客幾家。午，曾祠陪席。

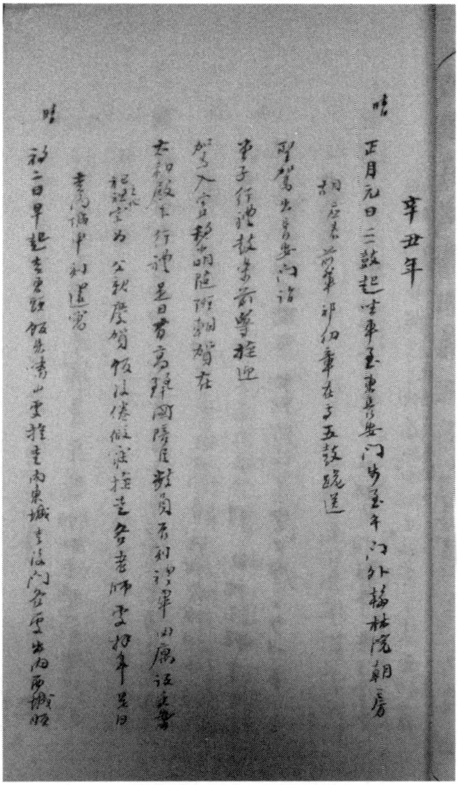

図2　『曾文正公手書日記』
辛丑年（道光21年）正月

つまり5月11日には自宅から140km以上離れた耒陽県城まで赴いて知県（県知事）とその客人らと旧交を温め、12日には知県の公署内で朝から酒を飲み、食事後に曾氏の家廟に赴いてそこに宿泊し、翌13日には何軒かを拝客（訪問）している。

このように曾国藩が帰郷後に宴会を開くだけでなく遠出し、家廟などに立ち寄りつつ、拝客を繰り返していたのはなぜだろうか。こうした遠出して拝客を行う目的は「議修譜牒」（族譜（家系図）の修訂）や、親族・友人への合格の吉報通知、各地の曾氏の宗祠訪問、社会の上層の官員との社交関係構築といわれる。しかし、その最大の目的は進士に合格して翰林官となったことに対してご祝儀をいただくことである。したがって、拝客の相手は親戚、族譜上の湖南各地の曾氏族人、各県の官僚、著名な郷紳、県外の湘郷籍の商店支配人といった人々であった。こうした人々からは、もちろん多額のご祝儀を期待できた。

ご祝儀が期待できたのは曾国藩が進士、さらには翰林官になったのが、曾氏はもちろん湘郷県や長沙府の人々にとって、非常に名誉なことであったからである。事実、曾国藩は各地で歓迎を受けた。先述した廟山の家祠では40余卓にもなる宴会が設けられたが、その際に曾国藩は1日で「轎銭（クルマ代）」3,200文を得たという。また、宝慶府城内では湘郷県出身者の店舗44軒を訪問し、1万6,900文を、城外では46軒から3万6,600文を手に入れている。さらに、曾家の中で、有力な郷紳が送る金銭の額は大きく、5月22日には曾益能とそのおい、子供から合計して22万文を得ている。

曾国藩は北京からの帰郷時とあわせて5回の拝客で、当時のレートで銀1両を銅銭1,602文として換算すると合計1,495.17両を獲得し

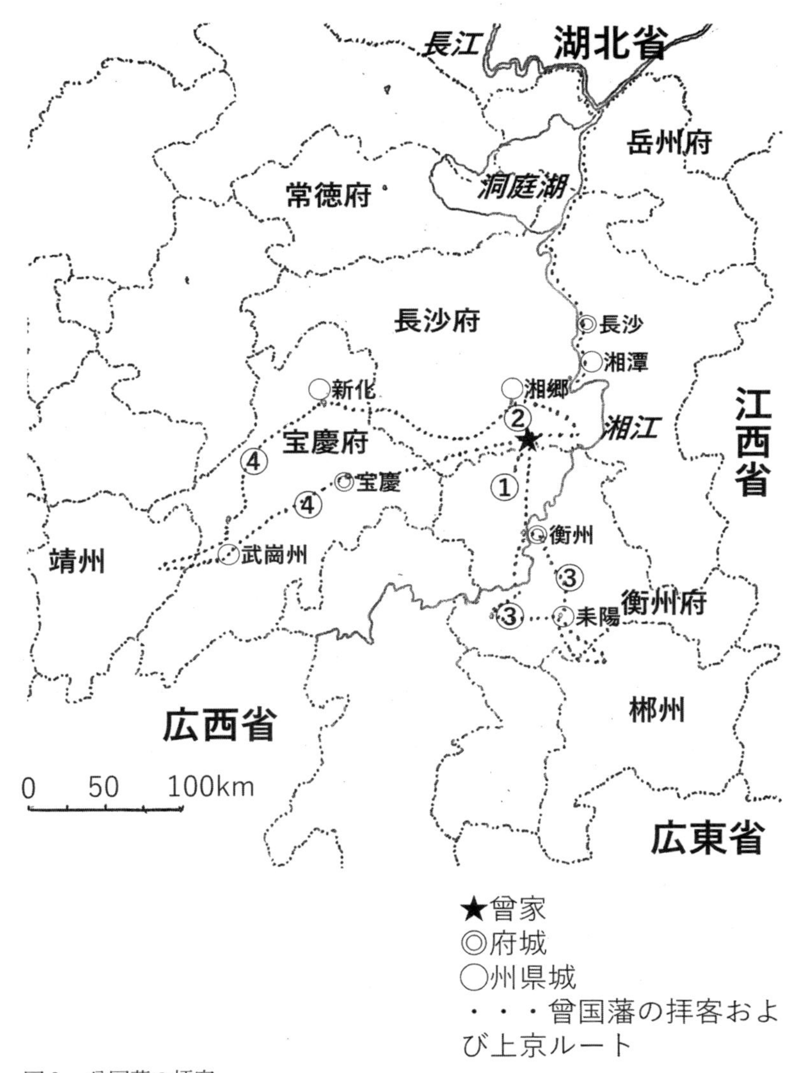

図3　曾国藩の拝客

出典　張宏傑『給曾国藩算算賬――一個清代高官的収支（京官時期）』27頁、譚其驤主編『中国歴史地図集8　清時期』北京：中国地図出版社、1987年、37～38頁。

た。さらに湘郷から北京に赴任するまでの旅程で500両を獲得している。結果として拝客の収入は合計2,000両であったと張宏傑は推計している。当時の労働者の月給は1～2両の間にあったから、1両をおおざっぱに10万円とすると、2,000両という金額は、2億円を超える。

また、これは曾国藩本人について判明している数値であり、実際はこれを上回る収入があった可能性は高い。残念ながら史料がないために、これ以上の推測はできない。

これだけの収入を得るための曾国藩の努力は尋常ではない。曾国藩は合格後に帰郷して再度上京するまでの296日の間に4回、合計198日にわたり拝客に出かけている。訪れた州県は10、訪問した家は1,200家に及ぶ。最初の拝客は義父の家とその附近にある2ヶ所の宗祠訪問で29キロメートルあまり（図3の①のルート）、第2回の主要な目的は湘郷県城で133キロメートルほどであった（図3の②のルート）。しかし、その後の2回は湘郷県の属する長沙府の境界を越え、第3回の拝客は南の衡州府方面の456キロメートル（図3の③のルート）、第4回の拝客は西の宝慶府方面の603キロメートル（図3の④のルート）という長距離になった。その推定移動距離は合計1,500キロメートルに達する。同時代の日本でいえば江戸から京都を1往復半した距離になるが、江戸時代の東海道とは異なり、清代の中国における道路事情は良好ではなかったから、曾国藩の拝客は相当に苦労したと思われる。

2　京官時代

道光21年（1841）の支出

曾国藩の京官時代については、道光21年を中心にみていくことにする。前年にはアヘン戦争が始まり、広州周辺をはじめとして東南沿海では戦火が拡大していたが、北京には戦火が及ばなかったため、戦争の直接的な影響は少ない。

(1) 住居費

まず支出からみておこう。京官生活を送るために、固定的な費用としては住居費がある。京官の場合、北京では内城に旗人が居住し、その他は外城に居住した。北京は首都でもあり、住居費は高く、賃貸が多かった。京官達は面子のために四合院の形式で、庭園のあるような大邸宅を借り、転居を繰り返し、宣武門外の宣南といわれる地域に住む傾向をもっていた。そのため宣南には同郷出身者が組織した団体である会館が林立し、北京城内の540の会館のうち、380余りが現在の宣武区に存在したという。

それでは曾国藩はどうであったのか。日記には下記のようにある。

道光二十年（1840）

庚子正月初二開車，初七至周家口，換僱三套大車二兩，朱佔二

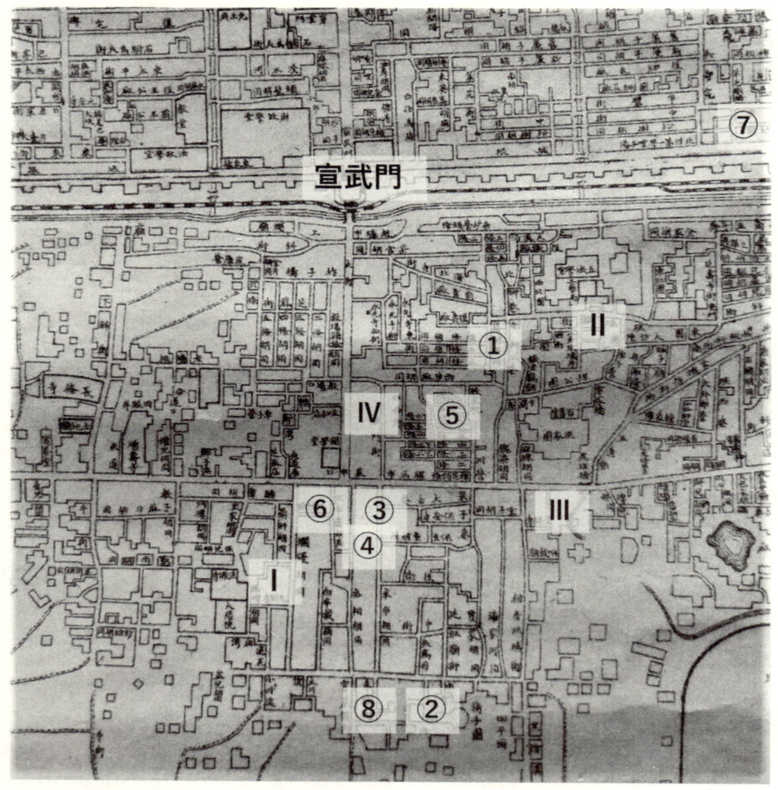

図4　宣南

①椿樹胡同長沙会館、②南横街千佛庵、③騾馬市大街南菓子巷万順客寓、④揵子営関帝廟、⑤棉花六条胡同、⑥縄匠胡同北頭、⑦碾児胡同、⑧南横街路北

Ⅰ湖南会館、Ⅱ瑠璃廠、Ⅲ湖広会館、Ⅳ文昌館

出典：張宏傑『給曾国藩算算賬——一個清代高官的収支（京官時期）』76頁、『詳細最新北京北京輿図』1908年。

套，我佔六套。

初九日開車，十三日至汴梁省城，住四天，十六復行。即於是日三更後渡河，廿八日到京，一路平安。

図5　宣南の胡同（2002年7月撮影）
棉花上四条胡同附近。曾国藩が居住していた棉花六条胡同のすぐ南側の胡同にあたる。

二月初一日，賃南横街千佛庵内房四間，毎月大錢四千文。

図6　宣南の胡同（2002年7月撮影）

道光19年の11月に郷里を出発した曾国藩は翌年の正月、開封などを経て28日に北京に入り、まず長沙会館（図4の①）に宿泊する。2月1日になって南横街の千仏庵（図4の②）に4部屋の家を借り、毎月4,000文を要したという。南横街は宣武門の南、湖南会館（図4のI）や瑠璃廠（図4のII）にも近いところにあり、まず宣南に落ち着いたことになる。その後、曾国藩は京官時代の13年間で、転居を8回行っており（図4の①～⑧）、そのうち5回は道光20年に行われている。京官の例にもれず曾国藩が居住していたのは比較的大邸宅で、前門内の碾児胡同（図4の⑦）に居住した時を除きすべて宣南に位置していた点も他の京官と共通していた。道光21年は1～7月は月額8,000文、8～12月は月額1万文の家屋を賃貸しており、その他の引っ越しや修築費用を含めて、住居費は97.87両となる。年間1,000万円近い住居費とすれば、かつての「ヒルズ族」に近い。

（2）衣服費

京官の衣服費であるが、清朝は官僚制度の整備とともに衣冠の制度を整え、清代中期には最も完備した状況になった。官服の様式・色・品質・飾りなどはあらかじめ定められている細かい要求に対応する必要があった。官帽は季節によって暖帽と涼帽があり、機能別に朝冠・吉服冠・常服冠・行冠・雨冠があった。官品によって帽子の形状・色・帽頂は厳格に区別されていた。官服も、朝服・吉服に分かれ、季節では冬夏の両種があり、機能的には常服と出行服があった。こちらも官品によって色や補子（四角の刺繍を施したワッペンのような布）の図案が異なっていた。これらの官服は高価であったが、官僚自らが購入する必要があった。

そこで多数の官僚達にとって、入京後に初めて購入する官服の支出が大きかった。北京入りした曾国藩が所有する最も価値のある物品が衣服であった。官職が上がるにつれて曾国藩は大量に衣服を購入し、特に道光23年に郷試正考官として四川に赴いた際には衣服用に9つの大箱を用意したという。日本の猪山家のように衣服を徹底的に売却して借金の返済に充当することは、中国の官僚には不可能だった。なお、道光21年の場合は前年の入京の際にすでに基本的にそろえたために、衣服費の支出は少なく、33.44両である。とはいえ、300万円をこえる衣服費は、かなり大きな額といえる。

(3) 交際費

官僚同士の交際費としては、応酬（交際）と送礼（プレゼント）の費用が挙げられる。まず、正月・端午・中秋など節句には上司・先輩・親友への送礼が必要であった。下級の官吏は上級の官吏に対して各種の名目で節句の贈り物が必要であり、大官の僕役（使用人）・輿夫（輿をかつぐ人夫）・門房（門番）に対して門包（心付け）を渡す必要があった。こうした門包は上級官僚に目通りの際にも必要とされ、胥吏の目付役である家人全体の生活費に充当されていた。さらに、日常的に頻繁に行われる誕生日・結婚・葬儀・昇官（官位昇進）・喬遷（昇進）の際の応酬も存在した。このほか、科挙の主考官（責任者）への節句毎の贈り物も少なくなかった。こうした送礼は極めて頻繁で、同じく京官であった李慈銘の『越縵堂日記』によれば、光緒15年12月の一ヶ月間で27回の応酬があり、ほぼ毎日送礼をしていたことになる。

これに加えて京官の生活で重要であったのは宴会である。同郷・同門・同年（科挙の同年の合格者）・同学・同僚といった自己のネットワーク維持のために頻繁に連絡して会合を開く必要があり、会合は宴会をともなった。京官は比較的地位が安定しており、政務は少なく、官僚の点呼が行われるのは一ヶ月に1日と15日の2回にすぎなかった。そこで大量の時間をグルメ追求にあてることもできた。正月には各部院が集団で新年を祝う団拝が行われ、大規模な宴会が劇団を呼んで行われた。団拝以外にも京官は日々宴会を行ったため、宣武門の南側には飯館（レストラン）が林立し、毎晩その門前は車馬が満ちあふれていた。日本でも一時期中央省庁の官僚に対する接待が話題となったが、多忙を極める日本の官僚とは異なり、京官はヒマなうえに、桁違いに収入も多く、派手な宴会を頻繁に開くことができる点が、大きく異なっていた。

京官はこのほか、各種の詩文・学問のための「会」を結成し、会ごとに必ず集団で食事をした。林則徐が京官の時に参与し、アヘン戦争前にアヘン貿易に強く反対するグループとして注目されてきた宣南詩社もその一例である。

そして曾国藩自身が交遊を好む人物であり、「会」にも参加し、交際に費やす時間も非常に多く、日記中で自己批判を行うほどであった。曾国藩の帳簿にはアヒル料理で有名な便宜坊などの名前もあり、北京ダックの元祖のような料理を楽しんでいたのだろう。したがって費やした交際費も多かった。道光21年の状況をみると、交際費は90.17両であり、これに曾国藩が単独で客を招いた宴会費38.71両を含めると、合計128.88両となる。交際費が1,300万円とすると、その額は莫大であり、宣南のレストラン街の繁栄もここからうかがい知ることができる。日本において武士の交際費が江戸をはじめとする城下町の繁栄をもたらしたのと似たような状況である。

(4) 交通費

交通費もばかにならなかった。北京の道路状況が悪かったこともあるが、外出の際に、官僚が歩いて出かけることは少なかった。一般的に、中国の官僚の移動は輿に乗ることになっており、官位に応じた輿の区分も存在した。しかし、輿の使用には担ぐ人の人件費がかかるために多大の費用を要した。例えば輿を担ぐ人夫に月給1両を支払うとすれば、8人を雇用すれば給与だけで年間96両が必要となった。そこで高位の大臣を含めて、京官の多くは馬車を選択していた。曾国藩も京官になった時は輿を買うことはできず、馬車をレンタルした。

『曾国藩日記』の記載によれば曾国藩は道光21年に長沙会館（図4の①）15回、琉璃廠（図3のⅡ）13回、紫禁城（翰林院）7回、湖広会館6回（図4のⅢ）、文昌館5回（図4のⅣ）、円明園3回の外出を行っている。基本的に宣南中心に移動していることになる。近距離についても官僚の面子を維持するために馬車を常に使用している。道光21年については、詳細な記載があるのは6ヶ月のみであるが、その6ヶ月の車代の平均5,579文から考えると、同年は閏月があり13ヶ月であったため、車代は、50.58両に達している。北京から動いていないのに年間500万円の交通費ということからすると、いかに北京内部の移動に費用がかかったのかを示す。タクシーというよりも、ハイヤーを頻繁に使用しているようなイメージだろうか。

図７　円明園（2013年７月撮影）
当時の清朝皇帝は紫禁城よりも円明園に暮らしていたことが多かったため、京官は皇帝に拝謁する場合などは円明園に赴いた。周知のように円明園は第二次アヘン戦争中の1860年に英仏連合軍に略奪・破壊され、現在も廃墟が残されている。

(5) 文化的消費

曾国藩が当代一流の学者となったことは、よく知られているが、そのために文化的消費も相当な額になった。例えば道光20年６月９日の『曾国藩日記』の記述には

初九日

早起。窗戶陽光太大，不能寫字。飯後，田敬塘來。改壽文數句。寫信，交方既堂辦。日中，看正史，酣睡一回。陳岱雲來。午飯後去琉璃廠，將所買正史約換《易知録》，又買《卷葹閣

稿》一部回。至黎樾喬、田敬堂、郭雨三諸處。回寓翻閲《卷葹閣集》。

図８　瑠璃廠（2002年７月撮影）

とあり、午後に曾国藩は書店街である瑠璃廠を訪れ、購入した正史を『易知録』と交換することを約束したほか、『巻葹閣集』を購入し、帰宅後に読むと書かれている。これをはじめとして『曾国藩日記』の記載によれば、３年８ヶ月の間に瑠璃廠を60回以上訪問しており、なかでも道光21年には13回訪問している。特に、書籍の購入には金銭を惜しまず、その中には珍本・善本も含まれていた。咸豊２年に北京を離れるとき、自宅の蔵書は30余箱であったとされる。もし毎箱150〜200冊とすれば、合計7,000余冊となり、総数は２万巻に達していた可能性がある。このほか、筆・墨・紙・硯といった文具が必要であった。通常、瑠璃廠で良質の墨汁を購入していたように、文具店の集中する瑠璃廠で購入した。道光21年は入京後間もないために書籍代は多くないが、文化消費の合計は61.2両となる。これを600万円とみなせば、やはり一大出費である。

(6) 生活費

曾国藩にとっての最大の手出は当然ながら生活費となる。曾国藩の上京後ほどなく、曾国藩の妻が上京し数年内に数人の子女を生育することになった。さらに父親と2人の弟も前後して上京し、一定期間、曾国藩の家で居住した。家族が増えると使用人の人数も増え、彼等の給与や生活費も大きな出費となり、石炭・食糧・肉・水の購入や床屋代などは巨額になった。例えば水代であるが、100万都市の北京において水は大幅に不足しており、水売りから購入していたが、質が悪い上に値段も高かった。

使用人の給与であるが、道光21年に曾国藩は5人以上の使用人を雇用していたが、6人とすると、毎月の給与は2.09両、1年で27.2両となった。使用人に対しては給与の他に「賞銭」といわれるご祝儀もあり、これも道光21年で7.26両となり、使用人の経費は合計34.46両となった。これらをあわせて道光21年の曾家の日常生活費は176.14両となるから、1,760万円とみなせばかなり大きな額である。

(7) 郷里の家族への送金

このほか、官僚になった場合、故郷の一族への送金も欠かせない。ただし、道光21年については、曾国藩は京官になったばかりで貧しく、59.35両にすぎなかった。道光21年以降、この項目は次第に増加していくことになる。

以上の結果から、表が示すように道光21年の支出は合計608.46両、うち日常生活費176.14両、交際費128.88両、住居費97.87両が大きな支出項目となる。１両10万円とすれば１年間に6,000万円あまりの支出ということになる。京官の支出が庶民と隔絶していることが分かるだろう。なお、『武士の家計簿』の猪山家の場合、天保14年（1843）の年収は磯田氏の推計で1,230万円であったが、稼ぎ手２人の収入の合計だから、庶民とそれほど隔絶しているわけではない。また、祝儀交際費は借金返済などを除いた消費支出の11.8%を占めているが、曾国藩の場合は20%を超えており、中国の官僚の交際費の負担が極めて大きいことが分かる。ちなみに、現在の日本の中央官僚の年収は30代では到底1,000万円には届かないから、比較にならない。幅広い交際を必要とし、交通費などを含めて年間の総経費が１億円程度になる国会議員の方が、比較対象としては相応しいかもしれない。

表：曾国藩の道光21年の収支

収入		支出	
費目	金額（両）	費目	金額（両）
俸給	129.95	住居	97.87
外官饋贈	98.57	衣服	34.44
借金	167.73	交際	128.88
貯蓄から補填	212.21	外出	50.58
		文化消費	61.20
		日常生活（使用人雇用費を含む）	176.14
		故郷の家族関係	59.35
収入合計	608.46		608.46

出典：張宏傑『給曾国藩算算賬——一個清代高官的収支（京官時期）』96、105頁

道光21年の収入

一方、曾国藩の京官としての法定収入は129.95両であるから、478.51両の赤字となり、これを補塡する必要が生じる。

赤字の補塡として第一に挙げられるのが、地方官による饋贈（餞別）である。餞別については張集馨が著した『道咸宦海見聞録』の事例がよく知られている。それによると、張集馨が道光25年に陝西督糧道に任命された際には１万7,000両の別敬（餞別）を、道光27年に四川按察司に赴任する際には、各軍機大臣に対する400両を筆頭にして、１万5,000余両の別敬（餞別）を知人らの京官にばらまいたという。１両10万円とみなすなら15億円の大金である。張集馨は揚州に近い儀徴県の塩商の出身であるから、こうした負担にも耐えられたが、赴任前の出費としては非常に大きく、工面するのはたいへんだった。しかし、曾国藩の場合、外官からの饋贈は97.87両と少なかった。そこで借金に頼ることになった。道光21年には、個人からの借金は85.53両、他人から委託された商品の売却益42.2両、長沙会館からの借金40両の合計167.73両に達している。これだけで、曾国藩の同年の法定収入を上回っているから、たいへんな状況である。そしてここで威力を発揮するのが、京官になる前の拝客であり、この時の貯蓄の残金など212.21両で、残りの不足分を補塡している。

このようにみると、曾国藩は非正規の収入で多大な支出をまかなっていることになる。現在の我々の目からすると非正規収入に頼る腐敗官僚になってしまうかもしれない。しかし、当時の官僚の中で曾国藩は概して、非常にまじめな人間であった。理学の修養につとめ、道光22年には修身というかたちで日記をつけて自己反省を繰り返したことはよく知られている。逆にいえば、そういった人間でも正規の給与では全く生きていくことができなかったのである。

四川での主考官

もっともこれだけの赤字があれば、いつかは家計が破綻してしまう。そこで京官にとっては低い収入を補填するための北京以外の外地での公務が用意されている。そうした公務のために学政や郷試主考といった役職がある。いずれも国家の巨大イベントである科挙をつかさどる官僚として各地に派遣された。学政は、大きな省では3～4万両、それ以外の省においても1万余両の収入があり、郷試主考も数千両の収入があった。日本円に直せば、学政が10～40億円、郷試主考が数億円となるから、莫大な収入である。

曾国藩は道光23年（1843）に、四川郷試正考官に選ばれた。正考官には国家から600両が支給されるが、200両は北京で、残りの400両は現地で支給されることになっていた。四川までの旅行費用、従僕の雇用、官服や、現地での官僚にばらまく扇子などのお土産の購入費用など、赴任までに要する費用もかさんだが、現地での収入はそれをはるかに上回るものであった。

曾国藩は成都に到着すると成都の官僚の出迎えを受けた。同時に、公項（公金）から2,400両、12名の房官（試験官）から513両、門生

（合格者）から500両、国家の法定の旅費400両のほか、総督100両、布政使100両、道台２名から各100両など、成都の官僚から計938両、合計4,751両を得ている。その他の地方の地方官からの収入や、節約した経費を含めると現金収入は6,000両前後になったと思われる。現金以外でも現物の贈り物もあり、絹織物などの衣料のほか、チベットのお香、薬用となるオウレン・カラホオ、茶（茶葉や固形茶のプーアール茶）、ハムといった四川の特産物を大量に受け取った。北京に戻った後、曾国藩はこれを42人の師友に送付している。

四川から戻った後、曾国藩の経済状況は大幅に改善した。債務はすべて返済し、年末の帳簿には1,406両残っていた。また実家に600両を送付した他、400両を親戚に送付している。北京における生活水準も向上し、外出の際には必ず馬車を用いるようになり、徒歩で出かけることはなくなった。主考官という役職は、それほどもうかったのである。

曾国藩の出世

その後、曾国藩は急速に出世する。道光27年（1847）３月の昇級試験である翰林大考の成績が良好であった結果、曾国藩は同年６月に内閣大学士兼任礼部侍郎銜に任じられた。さらに道光29年には礼部右侍郎にまで出世し、咸豊帝即位後には他部の侍郎を兼任することになった。

侍郎の収入は、年俸が155両、その他の恩俸・禄米含めて511.5両になる。さらに飯銀（規定外の手当）が100両、北京における典試（試験の主管）や外官の饋贈を含めて年収は合計1,000両程度になり、侍郎を兼任した場合には年収は1,500～2,000両になっていたと思われる。もっとも、出世にしたがって支出は増大していたから、曾国藩の生活が楽になったわけではない。そうした状況のなかで、咸豊2年（1852）6月12日に江西主考に任命されたことは、曾国藩にとって願ってもないことであった。しかし同日、曾国藩の母親が死去しており、曾国藩は服喪のため湖南へ向かうことになる。

京官の収入不足の背景

以上のように、京官の収入不足は明白であった。地方官の給与についてみても、知県（県知事）の給与では宋代が最大であり、明代が最低で清代は明代に次ぐ低さにあった。そうした地方官であっても、京官よりもはるかに待遇はよく、官位が同じ七品である知県と翰林院検討の合法収入の差は5.24～27.12倍に達した。このような状況であったから、曾国藩の年俸は支出の21.36パーセントにすぎなかった。

1901年に外務部で俸給改革が行われ、一品の文官である会辦大臣の俸給は元々の60両から1万両へと変わり、何と167倍に増やされている。これはつまり、以前の京官の給与が全く不足していたことを示唆するものであった。収入不足を補塡する必要から非正規の収入やそれにともなう不正行為があったのである。

こうした事態に陥ったのは、清朝財政の硬直性にあるだろう。岩井茂樹氏が指摘するように法定的な国家財政は収支ともに王朝初期に定められた定額による拘束を受けていた。つまり、毎年の景気変動や長期的な経済変動とは関係なく収支があらかじめ決まっていたのである。ところが、清代中期の18世紀における経済成長、人口増大の中で、大幅に物価が上昇していた。正規の国家財政はそれに応じて増大することはなく、実質的に大幅に財政規模が縮小していた。国庫から支給される文武官僚の俸給・手当、兵員の給与などの単価は固定的で物価動向に対応しないものであった。とりわけ、地方財政の貧困は著しく、正規の税に何重にも附加税を課すことが繰り返され、非正規の財政の拡大へとつながったが、そうした非正規の税の徴収はコントロールが効かず、腐敗や不公平な徴収といった問題の原因となった。京官は地方官よりもはるかに収入が低い上、餞別によって地方官の収入に依存していたから、地方財政は京官の収入にも大きく関わる問題であった。

日本の場合も、江戸末期になっても200年以上前の合戦での武功によって給与が決まっていたことは、中国の場合の硬直性と似ているといえるかも知れない。しかし18世紀以降は人口が停滞したこともあって社会は安定しており、中国ほど経済の実態と財政がかけ離れることはなかった。

三　曾国藩の家計簿（湘軍時代）

太平天国の衝撃

曾国藩が服喪のために郷里に戻ろうとしていた19世紀中葉、中国は大動乱の時代に入った。太平天国の乱・捻軍の乱をはじめ、西南の諸省における少数民族の反乱、西北・雲南の回民反乱、沿海部の秘密結社系の反乱が相次いだ。そうした諸反乱の中でも最大の被害をもたらしたのが太平天国の乱である。

曹樹基氏の推計によれば、太平天国の乱の主な舞台となった江蘇・浙江・安徽・福建・江西・湖北・湖南の７省における死者は7,330万人に達する。これは７省の戦前の人口の１億9,687万人の37.2パーセントに相当し、少々過大だとしても凄まじい数字である。曾国藩の郷里である湖南省の場合は、死者200万人、これは戦前の人口2,181万人の9.2パーセントに達する。これ以外にも太平天国の活動は及んでいたし、その他の反乱が大きな被害をもたらした地域も多いから、中国全体の被害はとほうもない規模になる。

これを同時期の他地域の動乱と比較してみると、その激しさは明らかになる。まず日本の幕末維新期においては、戊辰戦争から西南戦争までの動乱の死者は合計２～３万人である。もちろん地域による犠牲者数の偏りはあるが、総人口の0.1パーセント以下である。アメリカ史上最大の内戦かつ戦争である南北戦争（1861～1865年）も死

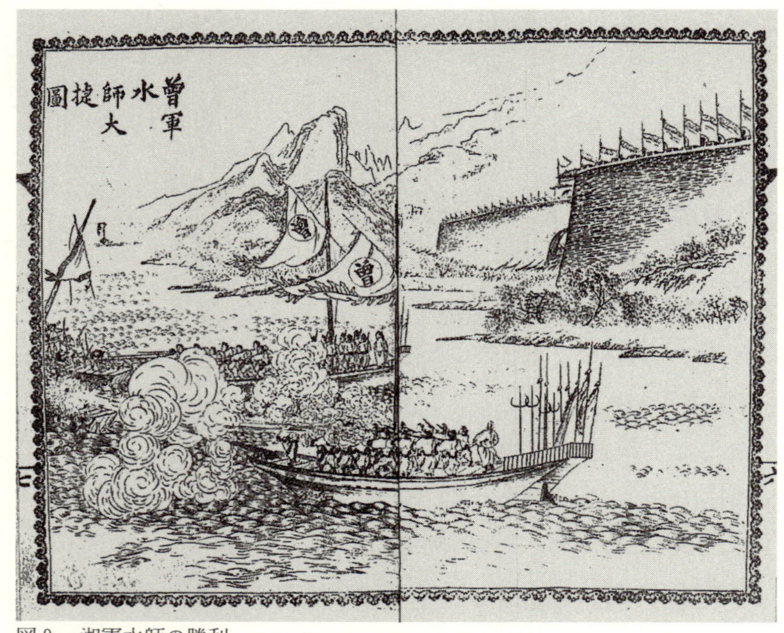

図9　湘軍水師の勝利
出典：『剿逆図考』光緒18年、上海書局石印

者は80〜100万人、最大でも南北の総人口の３パーセント強である。19世紀中葉ヨーロッパにおいて最大規模の国際戦争となったクリミア戦争（1853〜1856年）も死者は75万人であるが、主たる参戦国のロシア、イギリス、フランス、トルコの人口を考えれば、１パーセントにも満たない。人口比で考えても太平天国の動乱の被害は桁違いであり、犠牲者数は第一次世界大戦の４倍ないしそれ以上に達し、世界史上空前の内戦であったといえる。

太平天国の成立と湖南・湖北侵入

この大動乱のきっかけが、洪秀全が創始した拝上帝教の広西省における布教活動である。布教が進められた地域は少数民族地域であったが、明清時代を通じて漢族が多数入植した移民社会であった。そこでは広大な耕地を占有し、科挙の受験資格を事実上独占するエリート集団と、彼等から抑圧され、社会的上昇が望めない非エリートが存在した。洪秀全らの布教は後者を対象として行われ、彼等は拝上帝会を形成し、エリート集団、そしてそれと結びついた清朝地方当局との対立を深めていた。

道光30年11月（1851年1月)、広西省桂平県の金田村附近に集結していた上帝会メンバーは清軍との戦闘を開始し、太平天国を称するようになった。咸豊2年2月（1852年4月)、永安における清軍の包囲を突破した太平天国は同年4月に湖南省に侵入し、曾国藩が滞在していた湘郷には至らなかったが、7～10月にかけて長沙を攻撃している。長沙攻略を断念した太平天国は湖北省に入り、12月に武昌を攻略するに至る。以後、破竹の勢いで長江を下り、翌咸豊3年2月（1853年3月）に南京を攻略し、ここを都と定め、天京と改めた。

湘軍の成立とその経費

太平天国の快進撃を許したのは、清朝正規軍が十分に機能しなかったからである。清初以来、清朝正規軍は八旗が約20万人、緑営約60万人で合計80万人であり、そもそも人口が3億人を超える巨大国家の軍隊としては、それほど規模は大きくない。そのうえ、火器は八旗に集中的に配備され、緑営は大半が十数人、数人といった形で各地に分散配置されていたから、治安維持などの警察的な役割が大きかった。したがって、反乱が起こった際には容易に各個撃破されてしまい、また部隊を集結させるにも時間を要することになった。

そして先述したように財政的な柔軟性がなかったことから、兵士の給与は固定されていた。物価が上昇し続ける中で、兵士は支給される銀と米では生計を維持できず、多くが商業や手工業に従事しており、上司に金銭を支払って副業に励むこともあった。指揮官である武官も同様の理由で俸給不足であり、腐敗の原因となった。実際にいない兵士の給与を武官がポケットに入れる空額、兵士の給与ピンハネ、さらには装備の使用・土地貸出・密輸などのビジネスで金儲けなどといったことが行われていた。当然ながら、このような状況では軍隊の訓練レベルのみならず、戦闘力も著しく低下してしまう。そこで18世紀末に勃発した白蓮教徒の反乱を契機として、地方のエリート達に地元の住民を組織させて武装させる団練・郷勇が重要になってくる。

すでに湘軍の誕生前から、湖南でも治安悪化から、地方の武装が始まっていた。咸豊元年には曾国藩の郷里である湘郷県においても治安維持のために「士」らによって団練が編制されていた。そして太平天国軍が湖南を通過して武昌を攻略した咸豊２年12月（1853年１月）、帰郷していた曾国藩は団練大臣に任命され、湘軍の編制が始まった。曾国藩は湘軍の編制にあたって、湘郷県を中心に農民を募集した。指揮官は湖南、特に湘郷県出身の知識人が担い、指揮官同士が同郷・師弟・姻戚関係によって重層的に結びついていた。この湘軍が清朝の対太平天国戦争の主力になっていく。

湘軍の特徴としては、将兵に対する厚遇がある。例えば、兵員に対する月給は4両2銭であった。これは緑営の騎兵の2倍、戦兵の3倍、守兵の4倍に相当する金額である。指揮官の場合、年収は普通の営官で1,800両に達し、緑営の参将の年収743両の2倍、守備の290両の6倍以上になった。当然、これだけの給与をまかなうための膨大な経費の捻出が必要であった。

湘軍の経費は清朝政府ではなく、曾国藩が自らまかなわなくてはならなかった。なぜなら、太平天国の反乱によって清朝は税収の減少・軍事費増大に直面し、清朝中央財政（戸部財政）は事実上崩壊していたからである。したがって、地方の軍事支出は自弁が原則となり、捐納と釐金という方法がとられた。

捐納とは明清時代における官僚になるための資格や官品などを売買する制度である。従来は基本的には中央の戸部が窓口になっていたが、咸豊3年（1853）になると戸部が空白の執照（身分証明書）を発行して各地の軍営、軍糧台に渡し、そこでいっさいの捐納事務が行われるようになった。そこで捐納の管理および収入は地方が掌握することになり、戸部はその実態がつかめなくなった。咸豊4年に曾国藩は空白の執照4,000枚を受領し、自らの軍営のほか、湖南・江西・四川で捐納による資金調達を行っている。

釐金は流通部門に対する課税であり、咸豊4年に太平天国鎮圧の

図10　諸反乱鎮圧後の凱旋
出典：『剿逆図考』

ための軍事費を捻出するために始まった。各地に関所を設けて徴税するほか、都市などでは有力者や商人団体が何らかの特権を得る代わりに、一定額の徴税を請け負った。曾国藩は咸豊10年（1860）に湖南省の釐金を徴収する釐金局とは別に「東征籌兵餉局」という別系統の釐金徴収組織を作り、湘軍の軍営に直送させた。同治元（1862）年には管轄範囲外である広東省の釐金を江蘇・浙江・安徽の軍費に充当させている。かかる釐金の徴収機構の人事は督撫が握っていたこともあり、財政的基盤をもつ督撫を中心とする分権化が進展していくことになった。

　こうして得られた収入をもとに曾国藩が咸豊３年〜同治７（1868）

年に報告した軍費は3,500万両前後になった。これは当時の清朝の中央財政の1年間分に匹敵する、膨大な額であった。

湘軍時代の曾国藩の家計

膨大な軍事費を扱っていた湘軍時代の曾国藩の家計は膨張していなかった。曾国藩から実家への送金は、咸豊4年11月に100両を送付したのが最初であり、彼が家を離れてからすでに2年近く経っていた。その後も送金額は毎年平均100両程度であり、京官時代より減少していた。

曾国藩は湖南各地のエリートらに対して「与湖南各州県公正紳耆書（湖南各州県の公正な紳耆に与える書）」を送付していたが、そこでは「不要銭、不怕死（お金はいらない、死をおそれない）」の誓いをたてていた。そして、湘軍の戦闘力維持のために廉潔であることが重要性であった。曾国藩は不正行為に対しても厳格で、副将が兵士の給与をピンハネした時は、朝廷に上奏して死刑に処している。

また、彼の率いる湘軍も節約につとめていた。道光30年から咸豊3年春までの2年あまりの間に清朝は緑営兵9万7,700人を動員し、軍事費は2,511万両に達したが、軍事的に大きな成果をあげることはできなかった。一方の湘軍は、先述のように緑営よりも給与が大幅に高かったにも関わらず、咸豊3年から同治3年に太平天国を平定するまでの12年間、兵力は1万7,000人から12万人に増大したが、経費は2,900万両前後であった。これは湘軍の効率性と節約を示していると張宏傑はみなしている。

四　曾国藩の家計簿（督撫時代）

両江総督

咸豊10年閏3月（1860年5月）、太平天国は天京を東側から包囲していた清朝の一大軍事基地である江南大営を攻撃してこれを潰滅させた。これによって清朝正規軍による太平天国鎮圧は不可能になり、清朝中央は曾国藩の湘軍に頼らざるを得なくなった。3月には太平天国軍が蘇州に侵攻、両江総督は逃亡し、江蘇巡撫は自殺した。この危機的状況に際して、4月、咸豊帝はついに曾国藩を署両江総督（代理両江総督）に任じ、6月には正式に両江総督としたうえ、江南の軍務を監督する欽差大臣にもあわせて任じた。ここに、曾国藩は管轄地域である江蘇・安徽・江西省の一切の文武官僚を統括する権利を得たのである。総督は、官僚の保挙（推挙）権をもつことで大きな人事権を有し、さらに財政や司法においても最終的な決定権をもっていたうえ、軍事権では管轄する省の緑営の指揮権もあった。

こうした大きな権限をもつ総督の中でも、経済の中心地である江南を管轄する両江総督と首都である北京周辺を管轄する直隷総督は最も重要であった。両江総督は大運河で北京に食糧を送る漕運、黄河・淮河・大運河の管理を行う河工、塩の専売制度である塩務といった清朝にとって最も重要な業務を担当しており、太平天国鎮圧の責務とあわせて、曾国藩は清朝で最も重要な人物になった。

総督の収支

総督の俸給は年間155両である。これに薪銀・蔬菜蠟炭銀といった手当が加わり合計580両になる。もちろん、これでは全く不足する。そして雍正帝（在位1722～35）の時期に、地方官僚の収入が全く足りないことを考慮して、それを補塡する養廉銀制度が導入され、乾隆12年（1747）に両江総督の養廉銀は1万8,000両と定められた。これだけでも曾国藩の侍郎時代の俸給の100倍以上になる。しかし、これでもまだ総督の支出を賄うことはできない。

高級官僚個人とその家庭の支出は大きく、大官の家には数世代が同居し、大家族となることが多く、知府の家ですら300～400人となることがあった、また、交際費も巨額となった。総督の下で働く幕友（スタッフ）や胥吏（事務官）・衙役（役所の下働き要員）といった人々の数は膨大なものになり、彼らの給与の大半も総督が工面しなければならなかった。清代中期以降の幕友の給与は1,000両前後になった。大規模な省の督撫の幕友は8人前後で、毎年の幕友の経費だけでも8,000両以上にのぼった。胥吏については、定数が設けられていたが、実際には全く足りなかった。例えば河南山東総督衙門では定数は20名であったが、実際には200余名を雇用しており、定数の10倍にもなっていた。このほかに大量の衙役なども雇用していた。

この他、緑営兵の定期的な演習を監督する場合に、兵士らには賞与が与えられたが、それも総督が自弁し1,000両以上になることも多かった。また皇帝の間の文書往復に際しては派遣する人員の護衛も必要で、こちらも年間1,000両以上になった。

これら恒常的な支出のほか、水利や災害の救済などの費用も、国家の支出は不足し、寄付金に頼ったが、その際には地方官が寄付を強いられた。これら全ての費用を考えた場合、総督の支出は年間10万両にもなった。

拡大する非正規の収入

正規の収入を補塡するものに、下級の行政機関から上級の行政機関に送付される「漕規」、「塩規」、「関規」などといった「規」（陋規）と、官僚が個人的に送付する「礼」があった。「規」の第一には「銭糧平頭銀」があり、各州県の正規の税に一定の割合でかけられ、各省の布政使衙門に送付された。附加税は各省によって異なったが、３～５％程度であった。これは布政使と総督、巡撫の間で分配された。

関税については税規と贏余があり、税規はその他の陋規と変わらず、下僚から上司に送られた。アヘン戦争前、中国最大の貿易港であった広州を管轄する粤海関の陋規は数十万両に達する巨額なものであった。贏余は定額以上に徴収した税であり、これも地方財政に充当された。贏余というものが存在するのは、あらかじめ税金の額が決まっており、貿易量や取引量の増減に応じて税が決まっていなかったのが、原因である。

漕規は漕運管理部門である糧道衙門からもたらされるもので、こちらも漕運で米を運輸する際の目減り分を補うという名目で課される附加税であり、一部は総督に送られた。同様に塩規は塩政によるもので、定額以上に徴収した場合の余り、塩政に関与する官僚と胥吏らによる陋規、塩商の寄付の三種類の収入があった、

先述した京官の事例にもみられるように、「礼」はあらゆる官僚がいずれも送らなければならないものであった。あらゆる官僚は定期的に上司に決まった額の銀を礼物として納めるのが慣例であった。礼には主に5種類があり、上司が着任した際の「見面礼」、端午・中秋・春節の節句に送る「節礼」、上司の家の結婚・葬儀と誕生日などに送る「賀礼」、上司による抜擢に感謝する「謝礼」、上司の昇進や離任の際の「別礼」があった。そのほかに、上級の部門が下級の部門を巡視したり検査したりする場合にも礼金を納めた。「見面礼」は清末に四川総督が着任した際に2万両、「節礼」は康熙末年から雍正初年に山東巡撫が6万両、河南巡撫が4万両を受け取っており、極めて多額であった。

督撫クラスの規費の平均は18万両になった。総督のなかでも両江総督の規費は別格であり、30万両に達した。これは特に塩務からの収入が大きく、両淮の塩商達は毎年地方政府に対して100万両以上の上納を行っていたが、その一部は両江総督の懐に入った。また、1850年代後半以降、開港場の貿易は増大しつつあり、両江総督管轄

内の上海・九江等の税関からの収入も両江総督の重要な収入の一部分となった。結果的に、養廉銀は両江総督の収入の中では微々たるものになっていた。それでは、両江総督となった曾国藩の収支はどうなっていたのだろうか。

両江総督曾国藩

曾国藩は咸豊10年以来、12年間にわたり総督の任にあった。しかし、湘軍時代と同様、極めて清廉であり、陋規を正そうとしていた。曾国藩は咸豊10年5月に両江総督に就任した際にも、湘軍水師に対し通常のような就任祝いの出迎えや祝砲、爆竹、酒席などを控えるように命令しており、応酬による地方官の負担を軽減しようとしていた。また、礼品についてもこれを受け取らないとし、就任にあたっての地方官僚からの「見面礼」も受け取らなかった。その後も最大の収入源となる「節礼」も受け取らなかった。

曾国藩は身近な家族や親戚、幕友、胥吏、衙役に対しても管理を行った。特に、胥吏・衙役のなかでも高級官僚の護衛を率いる巡捕、衙門の外向きと内向きのエリアをつなぐ宅門をおさえる門印、日常的に公文を処理する簽押といった人員は身分は低かったものの官僚へのアクセスを掌握し、官府内部の情報に通じ、送礼の窓口にもなっていたことから、権限が大きかった。そのために、先述のように門包など、様々な心付けを手に入れる機会は多かった。そこで曾国藩は彼等が驕慢になることを戒めている。

また、様々な陋規は農民への増税でまかなわれており、江蘇省において咸豊前期の1石米の漕糧の負担は本来2,000文であったが、様々な附加税が加わったため、8,000〜1万8,000文を納めなければならない状況であった。そこで曾国藩は同治元年（1862）には太平天国を完全に駆逐した江西省で附加税を従来の105〜170%から50%に削減し、それによって陋規の削減を図った。しかし、それは地方行政経費の大幅な減少を招き、行政支出を困難にさせてしまった。そこで、翌年に江蘇省で減税を行った際には、江蘇省の漕糧の削減幅は27%に調整している。また塩税も正規の税は21万7,000両であるが、塩商が負担する額は養廉銀や兵餉など国家の支出に33万両、慈善事業などの公共事業に20万両余り、各役所の費用や塩政関係の役所の胥吏・衙役などには80万両の負担をしていたが、曾国藩はこれも大幅な削減を行った。曾国藩のこうした負担軽減が、戦乱で荒廃した江南の早期回復につながった可能性が高い。

総督曾国藩の「家計」

位人臣を極めた曾国藩であるが、その衣食は質素であった。食事は主菜が2品、小菜が3品で、官僚の食事としてはつつましいものであった。曾国藩の起居する部屋にも一切の珍奇な物はなく、質素であった。

曾国藩は家族に対しても厳しく、夫人に対しても毎月銅銭4,000文、銀になおすと2両しか渡さず、この金額は総督の夫人としては少なすぎた。子供達にも華麗な服の着用を許さなかった。総督府にはお手伝いは2名しかいなかったため、曾国藩の家の女性は洗濯や料理、裁縫などを自ら行わなければならなかった。

もっとも、曾国藩の家計が縮小していたわけではない。節約していたとはいえ曾国藩の家の人数が増えていたため、日常生活の経費は増大し続けた。友人へおりにふれて渡すお金（饋贈）も通常の総督の水準よりはかなり低かったが、経常的な支出であったし、総督のお役所での接待費用もかかった。官界における慶弔の際の費用もかさみ、また曾国藩のスタッフ達も総督の業務拡大の中で膨張し、幕僚だけで200人以上になったともいう。その中で委員となった者の年俸は400〜800両にのぼったかもしれない。このほか胥吏などは400人前後いた可能性がある。さらに様々な公共事業への寄付金もあった。そのうえ、曾国藩は生活に苦しむ「賢士」を支援したりしていた。ここまでくると、もはや「家計」の範疇を大きく逸脱しているといえるだろう。

これ以外に、宴会などの交際費も極力減らしたが、絶つことはできなかった。また湖南省に籍をもつ京官に毎年少なくとも合計数千両の「炭敬」と称する金銭を送付していた。また、地方官に赴任する際には京官への餞別も必要で、同治9年に両江総督に任命された時にも1万両以上を要していた。さらに、戸部に軍費の収支報告のために帳簿を提出して審査する際には、審査を通してもらうために戸部に支払う「部費」が必要であった。咸豊8年には報告する軍費が3,000万両に達し、1.3％の「部費」は40万両に達することを聞いた曾国藩は驚き、戸部に必死に働きかけて8万両にしてもらっている。

これに対して曾国藩の収入であるが、総督の俸給は155両、侯爵の俸給は610両と禄米305石、養廉銀1万8,000両があった。その他、2万両といわれる塩規や税関からの「公費」などの非公式の収入があり、こちらは主に官僚との交際や「部費」などに用いられた。とはいえ、曾国藩自身は非公式な収入は他の官僚のように余らせて蓄えることはなく、子孫に残した財産も非常に少なかった。

曾国荃の事例

もっとも、曾国藩のように清廉なのは例外である。曾国藩の弟である曾国荃（1824～1890年）の例をみてみよう。曾国荃は咸豊6年(1856)、32歳の時に兵を募って曾国藩の救援に赴き、以後、軍務についている。咸豊11年8月（1861年9月）には安徽省の重要な拠点である安慶を太平天国から奪回したが、その際には捕虜殺害と大規模な略奪が行われており、1人で700両を得る兵士も存在したという。すでに湖南省外での活動が増大するにつれて、湘軍の略奪は増大していたが、これもその一例である。

曾国荃の最大の功績は同治3年6月（1864年7月）の天京（南京）攻略であり、これによって太平天国は滅亡に追い込まれた。天京攻略後には1ヶ月にわたる略奪と殺戮、放火が行われ、大量の戦利品が湖南に輸送されることになった。

曾国荃は帰郷していた咸豊9年に郷里に邸宅を建設し始めたが、これは拡大を続け、長さ600m余り、幅230mあまりで、総面積は13万㎡に及ぶ大邸宅となった。曾国荃はさらに道路や橋梁の修理、寺廟の修理のための義援金を提唱し、学校・聖祠・孔廟などの維持と図書の出版のための地方文化事業を主催した。これも莫大な費用を要するものであった。戦時にそれだけの収入を様々な手法で得ていたことになる。

その後、曾国荃は巡撫、総督を歴任し、蓄財を続けた。曾国荃が所持する土地は6,000畝（約400ha）ほどになっていた。曾家が当初に保有していた土地は100余畝であったから、たいへんな財産である。

このように機会に応じて収入を拡大した曾国荃はむしろ官僚の典型であり、曾国藩・彭玉麟を除く湘軍の将帥はいずれも富裕になっていた。淮軍を建設し、曾国藩に代わって清朝を支えていった李鴻章も例外ではなく、死去した際に所有していた土地は6万畝（約4,000ha）になり、曾国荃の十倍になるからすさまじい。釐金などの新たな財源が拡大する中で、彼等は政治的に上昇すると同時に蓄財のチャンスをものにした。そのなかで、曾国藩は例外的に清廉であった。

おわりに

猪山家と曾国藩という同時代の日中の「士」家計簿には規模こそ

違うものの類似性がみられた。いずれも収入不足であり、基本的に赤字を強いられていた。そして赤字の原因として、交際費の負担が大きかったことも共通している。

しかし、もちろん違いも存在する。交際費の使い道であるが、猪山家は親族の濃密な人間関係の維持が目的であった。一方、曾国藩の場合は身近な親類だけではなく広範な地縁・血縁や交友関係などネットワークの拡大に用いられた。こうして築き上げたネットワークが、湘軍の編制と維持にあたって大きな役割を果たしたことはいうまでもない。

家計の赤字解消にあたっての方法も大きく異なっていた。曾国藩の場合は京官の時には節約ではなく、収入増大で対応したが、増大する収入の多くは非公式の収入であり、「不正」とみなされる可能性のあるものも存在した。当然、正確な家計簿はあり得ない。曾国藩の生活は総督時代には質素であったが、これは家計のための倹約ではない。一方猪山家の場合は収入増大の可能性はなく、財産の売却と徹底した節約で対応した。そのためにも正確な家計簿は必須であった。

これは財政のあり方にも起因している。中国の場合、中央政府はもちろん、末端の地方政府にいたるまで、耕地面積・収穫量や人口などを正確に把握せず、徴税のかなりの部分は徴税請負によって成り立っていた。したがって、非正規の税を課していく場合、税の徴収が恣意的になり、そこに不公平や腐敗が生ずる可能性が大きくなった。日本の場合、財政難に悩まされていた各藩は経済の拡大を図るとともに、経済の実態の把握につとめ、相当程度末端の人々の収入まで把握していた。したがって、どの程度の負担をさせるのかについては恣意的になる可能性が低く、中国よりもはるかに税率が高くて過酷な税徴収であったとしても、非正規の税はほとんど存在せず、腐敗の生ずる余地は少なかったといえるだろう。

19世紀中葉の動乱の衝撃は、両国の運命を分けていった。中国では各地の督撫が動乱の鎮圧のために独自の財源を確保して権限を増し、実質的に分権化が進んだ。一方、日本の場合は各藩が掌握していた経済を、明治中央政府が把握し、やがて予算制度も導入されて強力な中央集権国家を形成することになった。国家の財政を家計簿にたとえるならば、中国は正確性を欠く複数の家計簿が存在するものの、だれも全体の収支を把握していない状況、日本は一つの家計簿で収支全体を正確に把握できる状況になっていたといえるだろう。これが19世紀後半における日中の分岐の大きな背景になったことはいうまでもない。

参考文献

磯田道史『武士の家計簿――「加賀藩御算用者」の幕末維新』新潮社、2010年
岩井茂樹『中国近世財政史の研究』京都大学学術出版会、2004年
何炳棣(寺田隆信・千種真一訳)『科挙と近世中国社会――立身出世の階梯』平凡社、1993年
太田出『中国近世の罪と罰――犯罪・警察・監獄の社会史』名古屋大学出版会、

2015年
菊池秀明『広西移民社会と太平天国　本文編』風響社、1998年
菊池秀明『金田から南京へ――太平天国初期史研究』汲古書院、2013年
菊池秀明『北伐と西征――太平天国前期史研究』汲古書院、2017年
鬼頭宏『文明としての江戸システム』講談社、2002年
伍躍『中国の捐納制度と社会』京都大学学術出版会、2011年
斎藤修「1600年の全国人口――17世紀人口経済史再構築の試み」『社会経済史学』84巻1号、2018年
寺田浩明『中国法制史』東京大学出版会、2018年
豊岡康史『海賊からみた清朝――18～19世紀の南シナ海』東方書店、2016年
宮崎市定「清代の胥吏と幕友――特に雍正期を中心として」『東洋史研究』16巻4号、1958年
宮崎市定『科挙――中国の試験地獄』中央公論社、1963年
熊遠報「清代民国時期における北京の水売買業と「水道路」」『社会経済史学』66巻2号、2000年
吉澤誠一郎『シリーズ中国近現代史①　清朝と近代世界　19世紀』岩波書店、2010年
李理『清代官制与服飾』遼寧民族出版社、2009年
曹樹基『中国人口史　第5巻　清時期』復旦大学出版社、2001年
梁方仲『中国歴代戸口、田地、田賦統計』上海人民出版社、1980年
王永斌『北京的商業街和老字号』北京燕山出版社、1999年
曾国藩『曾国藩全集　日記一』岳麓書社、1994年
張宏傑『給曾国藩算算賬――一個清代高官的収支（京官時期）』中華書局、2015年
張宏傑『給曾国藩算算賬――一個清代高官的収支（湘軍曁総督時期）』中華書局、2015年
張集馨『道咸宦海見聞録』中華書局、1981年
朱東安『曾国藩伝』四川人民出版社、1985年
Chang, Chung-li, *The Chinese Gentry: Studies on Their Role in Nineteenth-Century Chinese Society*, Seattle, Washington: University of Washington Press, 1955.

Elman, Benjamin A. *A Cultural history of Civil Examination in Late Imperial China*, Berkeley: University of California Press, 2000.

蔣介石と『中国の命運』

森川　裕貫

はじめに

本書を手に取る読者のなかで、蔣介石という名前を知らぬという方は、おそらくいないであろう。浙江省奉化県の出身である蔣介石（1887〜1975年）に関しては、日本留学を経て孫文に仕えたこと、孫文の死後、分裂状況にあった中国を一つにまとめ上げたこと、中華民国・中国国民党・国民政府のリーダーとして日本との戦争を指揮したこと、中国共産党との内戦に敗北し台湾に逃れたこと、そして大陸の回復を切望したが果たせず台北で死去したことなどが、よく知られているであろう。これらの事績から、蔣介石という人物が、日本でもきわめて高い知名度を誇っていることは、疑いを容れない。

ただし、いかに蔣介石が有名とはいえ、たとえば蔣介石の書いた文章を実際に読んだことがあるかと問われれば、あると答える読者は決して多くはないのではないか。また、そもそも蔣介石がどのような著述をものしていたのかについても、今日の日本ではほとんど知られていないと思われる。

しかし、基本的にきわめてきまじめな性格の持ち主であった蔣介石は、60年近くにわたって日記をつけるなど大変に筆まめな側面をもっており、発表した著作も少なくない。蔣介石について理解を深めるためには、これらの著作にも目を向ける必要があるだろう。ただし、すべての著作を一度に取り上げることは当然不可能なので、

図版1 『中国の命運』を読む蔣介石。『永懐領袖』黎明文化事業、1977年。

本稿ではそうした著作のなかでも最も有名なものであるといってよい『中国の命運』(正中書局、1943年3月)に着目したい。(図版1)

『中国の命運』は蔣介石の数多い著述のなかでも、その思想や歴史観を集中的に体現した一冊であると評価できる。刊行当時、蔣介石はそのように自負していたし、蔣を支持する者・批判する者双方いずれも、同書を蔣の代表作と見なす点では一致していた。

『中国の命運』が刊行された時期、蔣介石は臨時の首都である重慶に拠りつつ、日本との戦争の指揮に奔走していた。本来であれば、蔣介石は国内の総力を挙げて日本との戦いに集中したかったはずだが、それは許されない状況であった。

まず、敵対関係にあった中国共産党とは、1936年12月の西安事件を経て協力関係を樹立していたとはいえ、国共両党の間には、依然として厳しい緊張が存在していた。また、足下の中国国民党に対する統制も、盤石の固きからはほど遠い状況にあった。1940年3月には、汪精衛(汪兆銘)の政権が蔣介石に反旗を翻すかたちで南京に成立していたし、汪精衛ほど極端ではないにしても、蔣介石に反抗的な実力者は少なくなかった。国民党の内にも外にも敵を抱えるという苦境のなかで、蔣介石は日本との戦いを強いられていたのである。

この苦境のなか、明るい話題であったのは、1943年１月、英米両国との間で、治外法権の撤廃が実現したことである。つとに実現していた関税自主権の回復と合わせて、中国にとり長年の懸案であった不平等条約撤廃の道筋をつけることができたのであり、これは蔣介石にとって大きな喜びであった。

この中国にとっての慶事が、『中国の命運』の刊行を後押ししたことは間違いない。そして同書の内容にも、不平等条約撤廃という事態が大きく反映されることになる。

1 『中国の命運』の内容

『中国の命運』には多くの版本が存在するが、最も標準的な正中書局版に依拠して、その内容を確認しておきたい。まずは目次を掲げておく。

第一章　中華民族の成長と発達

第二章　国恥の由来と革命の起源

　第一節　清代の政治・社会・学術の衰退および対内政策の根本的錯誤

　第二節　不平等条約の締結と国民の反応

　第三節　辛亥革命の成功とその失敗の教訓

第三章　不平等条約の影響の深刻化

　第一節　不平等条約の政治と法律に対する影響

　第二節　不平等条約の経済に対する影響

　第三節　不平等条約の社会に対する影響

　第四節　不平等条約の倫理に対する影響

　第五節　不平等条約の心理に対する影響

第四章　北伐から抗戦まで

　第一節　中国国民党の改組と三民主義実行の歩調

　第二節　北伐の成功と革命の教訓

　第三節　国民政府南京遷都後の内憂と外患

　第四節　抗戦の国内に対する影響

　第五節　抗戦における国際的地位——抗戦期間および戦前の対日戦略と外交戦の経過

第五章　平等新条約の内容と今後の建国工作の重心

　第一節　不平等条約の撤廃と平等新条約の意義

　第二節　国民の今後努力すべき方向と建国工作の重点

第六章　革命建国の根本問題

　第一節　建設と革命哲学の樹立問題

　第二節　社会と学術気風の改造問題

　第三節　自由と法治観念の養成問題

第七章　中国革命建国の動脈およびその命運決定の関頭

第八章　中国の命運と世界の前途

結論

第一章は、「中華民族」の発展について、五千年の昔から説き起こす。「中華民族」は、堅強な意識と悠久の文化を有し、侵略・被侵略いずれとも無縁であったが、アヘン戦争の結果結ばれた南京条約をはじめとする一連の不平等条約が、その状況を変えてしまったという。

第二章は、清朝の繁栄と衰退を解説する。清朝は広大な領土や精密な政治制度を実現し、隆盛を極めた。しかし、漢・満・蒙・回・蔵の五族を一視同仁に扱わなかったために、衰退を招いてしまった。さらには、不平等条約により、中国の政治、経済、文化など各側面が列強の下に分割され、その衰退はいっそう進行した。

第三章は、そうした不平等条約が、中国の政治、法律、経済、社会、倫理、心理に及ぼした悪影響を詳述する。また、本書全体に占める紙幅はわずかだが、本章第五節「不平等条約の心理に対する影響」では、自由主義すなわち英米の思想と、共産主義すなわちソヴィエト・ロシアの思想とが、1919年の五四以降、中国で流行を見せたことに対しても不満が表明されている。蔣介石はこの二つの主義を奉じる中国の人士の言論が「中国の経済や民生にとり切実なものではなく、中国固有の文化精神に違背してしまっている。〔そうした言論を唱える〕中国の人士は自分が中国人であるということを忘れ、中国のために学び中国のために用いるということも忘れてしまっている」と批判し、さらには自由主義と共産主義とに対しても懐疑的姿勢を示している。後述するように、ここに見られる自由主義への疑念は、大きな懸念を呼び込むことになる。

第四章では、不平等条約の結果、衰退してしまった中国を、孫文、そしてその遺志を継いだ中国国民党・国民政府が、いかにして立て直そうとしてきたのかが述べられる。いくつかの困難に直面しながらも、国民党・国民政府の指導する中国が、世界において英米ソに並ぶ重要な位置を占めるようになったことが、好意的に説明される。

第五章では、不平等条約が撤廃され、新しく結ばれた平等な条約の下でなされる国家建設について、孫文の著作『実業計画』に全面的に依拠した詳細な見取り図が示される。

第六章では、この建設の主力となるべき全国民の基本方針として、孫文の「知難行易（理解することは困難であるが、行動することは容易である）」という考えを導入すること、その徹底のために教育者の役割が重要であることが強調される。

第七章では、国民の建設事業への参与において、中国国民党と三民主義青年団が主導的役割を果たすよう訴えている。なお、三民主義青年団とは、1938年に蔣介石の肝いりで創設された中国国民党指導下の青年組織であり、初代団長は蔣介石が務めた。

第八章では、以上のような過程を経て新たな国家へと生まれ変わった中国が、民族の自由と国家平等の原則に基づき、世界平和に貢献していくとの決意が表明されている。

全書を通じて、困難に直面する中国を、孫文の遺志を体現する中国国民党・国民政府が、まとめ上げていくとの意向が強調されている。そして明言されてはいないが、この意向は強力な指導者としての蔣介石が担うべきとの念を、本書から読み取ることは容易である。

なお、本セミナーとの関連でいえば、民族存亡の危機にあって、中国の風気改善に立ち上がった偉大な政治家の一人として曾国藩に言及し、その事績を称えていることも注目される。

本来であれば、『中国の命運』の内容について、さらなる詳細な分析に進むべきであろう。しかし本書は、国民党ひいては蔣介石の立場を称揚する宣伝文書としての性格を強く帯びており、今日のわれわれがその内容を子細に読み解くことは、少なからざる難しさをともなう。したがって、限られた紙幅のなかで、本書を正面から分析することは得策ではない。そこで本稿では、内容そのものではなく、本書が国内外に巻き起こした反響がいかなるものであったのかという観点から議論を進めたい。中国の指導者である蔣介石の著作ということで、本書は中国国内はもちろん中国国外からも大変な注目を集めており、この点の解明は蔣介石理解に役立つと考えられるからである。

2　『中国の命運』への肯定的反響

『中国の命運』については、中国国民党機関紙『中央日報』が、連日報道を行っていることが、まず注目される。たとえば次のような記事である。

> 蔣委員長が執筆した『中国の命運』が刊行されてのち、各界の人士はみな誰よりも早く読みたいと願い、重慶において先行予約している者はすでに10万人を超えている。この2日間で、正中書局および特約代理販売を担当する各書店の販売部は、本を取りにやってくる予約者であふれかえり、後からやってくる者も途絶えることがない。市内各地域での話題も、いずれも『中国の命運』が中心となっている（「『中国之命運』各界争以先睹為快、陪都預約者十万人」『中央日報』1943年3月12日）。

この記事からは、『中国の命運』が重慶の人々から歓迎され注目されていること、より正確には記事の書き手がそのように宣伝したいと考えていることが読み取れる。同趣旨の記事は、この時期の『中央日報』に数多く見いだすことができる。

また、中国国民党機関誌『中央週刊』にも多くの文章が掲載されている。たとえば次のようなものである。

> 総裁〔蔣介石〕の執筆した『中国の命運』を精読してみると、その歴史的分析に基づいた内容は、過去の国勢衰退の原因を説明し、革命が初歩的成功を収めた因果関係にも目を配り、革命による建国の正確な方向を指し示している。その視野の遠大で深遠なことは、比較のしようがないほどである。この著作は我が中国の建国に際して尊重すべき指針であり、また世界の永久

平和を築く橋渡しともなる。この偉大な著述は非常に含蓄に富んでおり、いかなる観点から研究しても、限りのない奥深さを得られるだろう（張治中「読『中国之命運』」『中央週刊』第5巻第32期、1943年3月25日）。

著者の張治中は、蔣介石の側近で要職を歴任した軍人である。一読して明らかなように、張治中は『中国の命運』を激賞している。そしてこうした礼賛は、張治中のみならずほかにも多くの人士によって書かれ、『中央週刊』に掲載された。また『中央週刊』に掲載された文章がほかの雑誌にも転載され、より多くの読者の目に触れるよう企図されてもいた。

『中央日報』に掲載された記事は事実を述べたものではなく、『中国の命運』に対する期待や支持を高める宣伝であったと捉えるべきであろう。『中央週刊』に掲載された文章もまた、同様の効果をねらっていたと考えられる。

なお、『中央週刊』に関しては、『中国の命運』を題材に青年の進むべき道を指し示す記事を集めた「青年の路」特集（『中央週刊』第5巻第38期）、『中国の命運』のなかで肯定的に言及されている諸葛亮、范仲庵、張居正、曾国藩について取り上げる「四大政治家」特集（『中央週刊』第5巻第46期）といった特集が組まれたことも目を引く。これらの特集は、『中国の命運』への関心を高めると同時に、同書の適切な読み方をも提示するねらいがあったのではないかと思われる。

さらに興味深い点として『中国の命運』が、大学以下の各学校の教材としても使用されていたことが挙げられる。これには、蔣介石の意向も働いていたようである。

そして、主としてそうした教育の補助のために、『中国の命運』に関する以下のような解説書も刊行されている。（図版２）

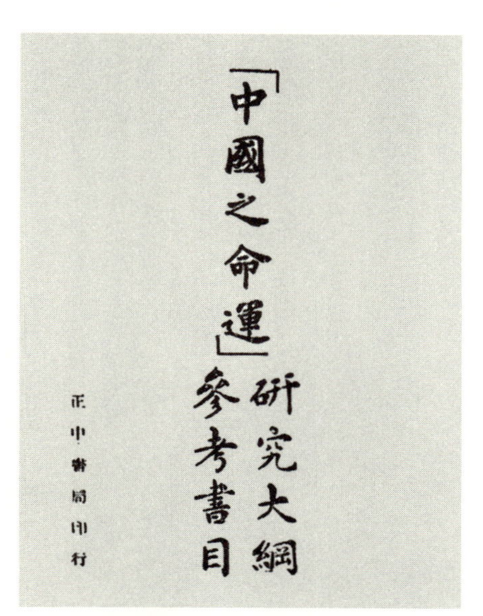

図版２　高等・中等教育の現場で、どのように『中国の命運』を教授したらよいのか、参考文献も交えながら解説を加えた書物。書影は、1945年11月に刊行された版に基づく。

『『中国之命運』研究大綱参考書目』正中書局、1943年６月。

王遂今編『『中国之命運』参考手冊』総動員出版社、1943年７月。

査介眉編著『『中国之命運』人名地理索引註釈』建国書店、1943年７月。

鞏民『『中国之命運』的問答』華光書店、1943年12月。

陸鏗編『『中国之命運』表解』天地出版社、1944年７月。

『読『中国之命運』』中国文化服務社、1945年12月。

図版３　王寵恵（1881～1958年）。法学者・政治家として重きをなした。萬仁元主編『蔣介石與國民政府』（下）商務印書館（香港）有限公司、1994年。

新聞・雑誌での宣伝、教育現場での活用、関連書籍の刊行といったことによって、『中国の命運』は一説によると、５月までに130万部が売れたとされる（なお、京都大学人文科学研究所所蔵本奥付には、「中華民国32年３月普及本205版」とある。中華民国32年３月、つまり1943年３月の刊行直後に、すでに205版にまで達していたことが確認できる）。自主的な購入ばかりではなく、強制的購入や配布といった事例も多々あったのではないかと想像されるが、そうであるにしても、これは当時としてはとてつもない数字である。

おそらくはこの勢いにも助けられて、中国語版のみならず、『中国の命運』英語版の刊行準備もただちに開始された。その任に当たることとなったのは、王寵恵という人物である。彼は国務総理や外交部長（それぞれ首相と外務大臣に相当）を務めるなど政治家としてはもちろん、国際司法裁判所判事を務め国際的にも知られる存在であった。（図版３）国際的名士というべき王寵恵の名を利用することで、

『中国の命運』への評価を高めたいとの計算が、当然働いていたことであろう。

ここまでの経過を見ると、『中国の命運』に対しては、絶賛・歓迎一色の評価しかなかったかのようにも思われるが、容易に想像されるように、実態はそれとは大きく異なっていた。大々的な宣伝活動の裏で、同書に対する巨大な不満も渦巻いていたのである。

3　中国共産党による批判

そうした不満・批判のなかでまず挙げるべきは、中国共産党によるものである。中国共産党機関紙『解放日報』には、1943年7月以降、複数の批判的記事が掲載されている。そのなかでも最も有名なのが、毛沢東の秘書としてのちのちまで大きな力を振るうことになる人物、陳伯達の執筆した「評『中国之命運』」（『解放日報』1943年7月21日）である。（図版4）

ここでまず注意すべきは、「評『中国之命運』」に代表される批判記事執筆に、毛沢東の強い意向が働いていたことである。陳伯達によると、『中国の命運』は刊行後まもなく延安の毛沢東の手元に入っており、それを読んだ毛沢東は陳らに向かって、「どうやら、蔣介石は君たちに題目を提示してくれたようだ」（陳暁農編『最後口述回憶』星克爾、2013年、70頁）と述べたという。この言葉に動かされて、陳伯達は批判記事の執筆に着手した。そして草稿ができあがると毛沢

図版 4　左から、毛沢東、林彪、周恩来、陳伯達（1904～1989年）。毛沢東の腹心として、陳伯達は共産党の枢機に参与した。陳暁農編『最後口述回憶』星克爾、2013年。

東が内容を点検し、一部修正をした上で『解放日報』への掲載がなされたとのことである。

「評『中国之命運』」は、その後パンフレットとして整理・配布すること、さらに一部地域では、学校の必修テキストとするよう指示が出された。そして、『中国の命運』英語版刊行の動きに対抗してか、英語版発表の準備も開始され、間隔を置かずして、アメリカ共産党の機関誌 *The Communist* に、同党のリーダーであるブラウダーの紹介文とともに掲載されている（Chen Pai-ta, "Critique of Chiang Kai-shek's Book: "China's Destiny", *The Communist*, Vol. XXIII, No. 1 (Jan. 1944)）。

陳伯達「評『中国之命運』」は、『中国の命運』への多岐にわたる批判から構成される。なかでも大きく取り上げられるのは、中国の抱えるあらゆる問題を不平等条約がもたらしたかのように蔣介石が説明と指摘している点であり、陳伯達はこれはあまりに偏った見方ではないかと疑問を呈している。こうした疑問から、陳伯達は『中国の命運』に対し、「一言で述べれば、自由主義と共産主義に反対し、実際には買辦的にして封建的なファシズム、あるいは新しい専制主義（とはいえ、形式上は「三民主義」という帽子をかぶってはいるが）を主張しているのであり、だから人々を大いに失望させたのだ」との辛辣な評価を下した。

また、本セミナーとの関連では、曾国藩に対する蔣介石の賞賛を批判していることも注目される。「評『中国之命運』」では、曾国藩は太平天国を滅亡させた人物として激しい糾弾を受けた。陳伯達そして当時の中国共産党にとって、太平天国は民衆を主体とし帝国主義に抵抗した勢力であり、肯定的評価の対象であったためである。

このほか「評『中国之命運』」において興味深いのは、『中国の命運』の校正を担当した陶希聖に対し、次のような批判がなされていることである。

> 中国国民党総裁蔣介石氏の執筆した『中国の命運』刊行に先立ち、重慶の政府系刊行物は、次のようなある情報を伝えた。それは、同書の校正を陶希聖が担当するというものだった。多くの人はみな、奇怪に感じた。蔣氏は国民党の総裁であるのに、かつて南京の漢奸グループに参加し、平素からファシズムを鼓吹し、〔中国の〕同盟国に反対し、今日に至るまで汪精衛と思想面において複雑奇妙に一致していることで悪名高い陶希聖に、自身の作品の校正を担当させるのかと（陳伯達「評『中国の命運』」）。

図版5　陶希聖（1899〜1988年）。『中国の命運』の執筆に、大きな役割を果たした。陶泰来ほか整理『陶希聖年表』聯経、2017年。

ここでは陶希聖と漢奸である汪精衛との結びつきが指摘され、陶が問題人物であることが強調されている。

陶希聖とは、中国の歴史を社会史や政治思想史の観点から研究し、多数の著作を発表したことで知られる学究である。（図版5）同時に彼は現実の政治にも深く関与しており、1938年12月、汪精衛とともに重慶を脱出、日本との和平工作に従事するようになった。しかし、程なくしてその職務に嫌気がさしたようで、1940年1月、香港に逃れ、さらには再び重慶に舞い戻っている。その後は蔣介石に重用され、その下で多くの文章を執筆している。

今日、いくつかの研究成果により、陶希聖は『中国の命運』の校正を担当したというよりは、執筆の相当部分を担当していたことが判明している。『中国の命運』の執筆を任せられるほど、蔣介石の信頼が厚かったということだろう。ただし、『中国の命運』には、蔣介石の筆が入っていないということではまったくなく、刊行までに蔣自身が多くの加筆・修正を行っていたことも明らかになっている。

汪精衛の幕下という経歴をもつ陶希聖は、陳伯達からすれば格好の標的であった。こうした人物の関与により完成した『中国の命運』もまた、自ずと問題の多い著作と見なされたのである。

4　中国国民党内部の深刻な憂慮

協力関係を樹立していたとはいえ、国民党・蔣介石とかつて死闘を繰り広げていた共産党から、『中国の命運』に対して厳しい批判がなされることは、当然といえば当然のことである。では、『中国の命運』が国民党内の幅広い支持を集めていたのかといえば、そうではない。国民党内部、それも蔣介石に近いと考えられていた人々の間にも、本書に対する強い懸念が存在していた。

たとえば法学者として出発し、国民党・国民政府の重職を歴任した王世杰という人物は、『中国の命運』刊行後まもなく、次のような出来事があったとその日記に書き付けている。(図版6)

> 今晩、蔣先生は『中国の命運』英訳の件について意見を求めた。私はこの本が友邦の人士に対して刺激するところが多いと深く憂慮し、英訳するのであれば、意訳によって外国人を刺激する語句をすべて削除するべきだと強く述べた。同書の趣旨は、国内の青年の閲読に供することにあり、元々対外向けではないからである(『王世杰日記』1943年3月30日(王世杰著、林美莉編輯校訂

図版 6　王世杰（1891〜1981）年。ロンドン・スクール・オブ・エコノミクス、パリ大学に学んだ法学者。蔣介石に重用され、政界でも活躍した。『王世杰日記』は中国近現代政治外交史の貴重な史料の一つである。
http://archives.sinica.edu.tw/?project=%E7%8E%8B%E4%B8%96%E6%9D%B0

『王世杰日記』上冊、中央研究院近代史研究所、2012年、497-498頁））。

昨晩、中央党部秘書処の王寵恵、何応欽、呉鉄城、朱家驊らと私で、蔣先生の著作『中国の命運』をどのようにして外国語に翻訳するか話し合った。参加者はいずれも憂慮していた。亮疇〔王寵恵〕は普段は寡黙だが、このときは憂慮を示す言葉を多く述べた（『王世杰日記』4月9日。同書、499頁）。

王寵恵、何応欽、呉鉄城、朱家驊そして王世杰は、いずれも蔣介石の信任が厚く、重責を担っていた人々である。王世杰の日記からは、そうした人々の間ですら、『中国の命運』を外国で公表することに、強い懸念が存在していたことが示されている。

また、王寵恵の下で実際に英訳に尽力した政治学者で、国民政府の実務にも参与していた浦薛鳳という人物は、のちの回想で次のように述べている。

> 不平等条約はもとより国恥であるが、政治、経済、社会、道徳、文化それらすべての堕落を不平等条約の罪に帰するのは、客観的な研究としては大いに問題がある。さらにいえば、〔中国の〕同盟国の政府当局者を納得させることが、とりわけ難しい。これは平時にあっても考慮が必要であり、まして戦時にあっては、そしてまた協力を求めなければならない関頭にあっては、なおさらである。私は一面では翻訳に協力したが、一面では現在刊行するのは、おそらくはなはだ適当ではないという意見を率直に申し上げた。亮公〔王寵恵〕もしきりにうなずいたが、完成を待ってゆっくりと方法を考えようと述べた（浦薛鳳『浦薛鳳回憶録』中巻、黄山書社、2009年、202頁）。

浦薛鳳の回想によると、英訳従事の現場にあっても、責任者の王寵恵を筆頭に、やはり深刻な憂慮が共有されていたことが読み取れる。また、浦薛鳳は、不平等条約に中国の抱えてきた問題のすべての原因を帰するのは誤りであるし、同盟国との関係の上でも非常なマイナスであるとも指摘しているが、これは陳伯達による批判と図らずも軌を一にしている。

浦薛鳳の回想でもう一つ興味深いのは、彼が「〔蔣介石〕委員長は外交に関する案件については、平素はとりわけ慎重で、大抵のことは亮公に密かに相談していた。しかし、この本の刊行については、相談がなかった。〔中略〕当時、一部の高級文武官は、実際の執筆

図版７　ジョン・キング・フェアバンク（1907〜1991年)。ハーバード大学教授として、アメリカの中国研究の礎を築いた。
http://fairbank.fas.harvard.edu/our-mission/

者に対して大きな不満を持っていた」（浦薛鳳『浦薛鳳回憶録』中巻、202頁）と述べている点である。「実際の執筆者」が、陶希聖を指していることは明白であり、国民党内部にあっても陶希聖に対する不満が根強かったことが見て取れる。

こうした不満は、国共の中枢に位置する人士に限られるものではなく、そのほかの多くの人々にも共有されるものであったようである。ここでは、ジョン・キング・フェアバンクの回想を引いておこう。フェアバンクはハーバード大学の教授として戦後のアメリカの中国史研究を牽引した人物であるが、情報機関の仕事のため戦時下の重慶に滞在しており、そこで多くの中国の知識人と交流していたのである。（図版７）

1943年５月に昆明に行った時、私は、権力者の著書『中国の命運』が、著述を業とする教授たちへの侮辱と受け取られていることを知った。〔中略〕英雄だけではなく、聖賢だということにもなりはじめて以来の総統〔蒋介石〕に対する当地での反感は、きわめて強く、私にはきわめて露骨に語られます。〔中略〕私は『中国の命運』を読むにつれ、ますます愕然としているといわなければなりません。私は、政治目的のために歴史がこれほど邪悪に用いられた例を見たことがありません。本の大半は純粋な歴史の装いになっていて、帝国主義下の中国の苦痛を綴り、すべてをその故に帰しています。一例——中国の法制が発達しえなかったのは、条約港の裁判所がそれほど悪い例になったからだというのです。この本は政治家にもふさわしくない宣伝文書で、その英文版の関係者が悪寒を感じる理由は、私にもわかります（J・K・フェアバンク（平野健一郎・蒲池典子訳）『中国回想録』みすず書房、1994年、346—347頁）。

以上の回想から、『中国の命運』に対し、中国の知識人たちはもちろん、フェアバンク自身も強い嫌悪感を示していたことが読み取れる。

さらに注目されるのは、蒋介石夫人の宋美齢すらもこの懸念を共有し、『中国の命運』の英訳刊行に反対していたという事実である。(図版８)

アメリカの中国研究者で、蒋介石の顧問を務めた経験ももつオーウェン・ラティモアによると、1944年に重慶を訪問し、宋美齢と面会した際、彼女は『中国の命運』のアメリカでの反響を尋ね、「こ

図版8　蔣介石と並ぶ宋美齢（1898〜2003年）。10歳前後でアメリカに留学。優れた英語力で蔣介石を助け、アメリカからの支援獲得に貢献した。萬仁元主編『蔣介石與國民政府』（中）商務印書館（香港）有限公司、1994年。

の著書をアメリカで普及させることには反対したのだが」と述べたとのことである（磯野富士子編訳『ラティモア　中国と私』みすず書房、1992年、219頁）。

蔣介石の最も信頼する人物の一人である宋美齢が、ラティモアに対して示した態度からは、『中国の命運』がもたらした懸念の深刻さを見て取れるだろう。宋美齢は1942年から43年にかけてアメリカを訪問し、抗日戦争に奮闘する中国を支援してくれるよう訴えていたが、そのような宋美齢にとって、『中国の命運』刊行は、まったくもって時宜を得ない余計なことであると捉えられたのではないだろうか。

そして実際のところ、宋美齢も含めた国民党の要人の憂慮は単なる取り越し苦労ではなく、事態をよく把握してなされたものだった。『中国の命運』に対する英米の評価は、以下に見るように確かに厳しいものだったからである。

5　英米の反応

(1) イギリス当局の反応

『中国の命運』の刊行が明らかになると、在重慶のイギリス大使館と本国外務省との間で、その内容をめぐって頻繁なやりとりがなされている。イギリス大使館は、中国の指導者である蔣介石の著作に当然着目し、中国語版のみならず大使館が作成した英訳にも依拠して、『中国の命運』の内容を子細に分析している。分析の一例として、次のようなものが挙げられる。

〔『中国の命運』の〕「不平等条約」時期の扱いには一定の偏りが見られる。中国は外国の略奪と抑圧に苦しむ救いようのない価値のない存在であった。それに対して、外国の活動によって中国にもたらされた関税と郵便サービスの組織、そして医療と教育の分野における宣教師の努力については、事実上無視されている（WO 208/182, H Seymour, Ambassador in Chungking to FO, No. 825, Aug. 3, 1943)。

『中国の命運』の叙述に、非常な不満があることがうかがわれる分析であり、「この本は暴力的なまでに反イギリス的である」との論断も下されている。関連して、英訳は中国語版と比較してトーン

図版9　孫科（1891〜1973年）。孫文の子息。要職を歴任するが、蔣介石とは一再ならず対立した。萬仁元主編『蔣介石與國民政府』（下）商務印書館(香港)有限公司、1994年。

ダウンしてはいるが、多くの問題を含んでおり、英訳の刊行には賛同できないという結論をイギリス当局は下している。

(2) アメリカ当局の反応

イギリス当局同様、アメリカ当局もまた『中国の命運』に非常な注意を払っていた。在重慶大使館と国務省との間のやりとりのなかでは、『中国の命運』の内容が子細に検討され、孫文の『三民主義』に次ぐ国民党の「第二の聖典」となるだろうとの予測が示されている。しかし、『中国の命運』が、自由主義と個人の権利を否定するなど問題の多い著作との指摘もなされており、アメリカ当局が同書の出現を憂慮していることが読み取れる。

関連して興味深いのは、孫文の子息で、蔣介石のライバルに擬せられることもあった孫科による次のような批判を紹介していることである。（図版9）

いくつかの情報源が伝えるところでは、孫科はこの本〔『中国の命運』〕についてのコメントとして次のように述べている。「この本は共産主義を批判している。共産主義は我々の同盟国であるソ連の国家哲学である。この本は自由主義を批判している。自由主義は我々の同盟国であるアメリカとイギリスの国家哲学である。この本はナチズムとファシズムを批判していない。これらは我々の敵であるドイツ、日本、イタリアの国家哲学である」(The Chargé in China (Atcheson) to the Secretary of State. Chungking, No. 1220, May 31, 1943)。

国民党内部においてすら、『中国の命運』が問題視されていることを、アメリカ当局は的確に把握していたのである。そしてアメリカもまたイギリス同様、そのような書物をわざわざ英訳して紹介する必要を感じなかったのだった。

6 増訂版の刊行

これまで述べてきたように、国内外の様々な批判を惹起した『中国の命運』であるが、間を置かずして増訂版刊行の準備が開始され、1944年元旦に刊行がなされている。蔣介石は初版修正の意図を元々有していたようであるが、これほど早く増訂版が刊行されたのは、英米による強い批判を惹起していたことも関係しているかもしれない。

初版と比較して、増訂版にはいくつかの修正・加筆が施されている。そのなかでも、とりわけ大きな修正として、第三章第六節「国民の反省と自責」の追加がなされたことが挙げられる。

この節の冒頭で、「我が国民の反省自責を希望する」ために、『中国の命運』第二章で不平等条約を招来してしまった原因を、第三章で不平等条約の害の激しいことをそれぞれ説明したのだと蔣介石は述べている。さらに、彼は次のように続けている。

> 我が国民が依然として自責の念をもって反省できず、偏狭な国家主義者としていつまでも恨みを抱いて忘れず、また清朝当時の夜郎自大の頑固な思想を踏襲するならば、それは我が民族の立国精神の侮蔑破棄するところであるのみならず、三民主義思想にも相容れないところである。だから我が国民は、この不平等条約取り消しのときにあたって、慎重に自ら努力し、我が先哲のように過去にとらわれずかつての悪を拘泥することのない堂々たる大国の君子の風を保持し、各友邦と協力して、世界改造と和平保持の責任を分担しなければならない。

ここにうかがわれるのは、国民にいっそうの奮起を促すと同時に、英米に配慮を示すという姿勢であるといえるだろう。

だが、蔣介石の著作であるにもかかわらず、増訂版に対しては無関心と形容せざるを得ない反応しか見いだせない。これは初版と異なって、関連する報道がほとんどなされなかったことに起因するだろう。

『中央日報』の場合、増訂版について報じた記事は次の短文一点のみである。

> 蔣委員長が自ら執筆した『中国の命運』は、今年の3月10日の初版発行後、200回以上の重版がなされている。蔣委員長による初版への若干の増訂を経て、来年元日に出版がなされる。同書は、やはり正中書局から発行される。重慶市では元旦より発売され、そのほかの各地には現在印刷して輸送中であり、1月10日以前には発売が可能である（「『中国之命運』増訂版元旦出版」『中央日報』1943年12月28日)。

増訂版に関するきわめて簡単な紹介であり、また紙面での扱いも目立たないものであって、初版刊行時の積極性はまったく感じられない。また、管見の限り、ほかの雑誌などで初版刊行時のような積極的な紹介がなされたわけでもない。

このような状況をふまえると、増訂版を流通させることに国民党そして蔣介石はそれほど熱心ではなかったのではないかとの疑念が生じる。実際のところ、増訂版刊行以降も初版が依然として流通していたようである。たとえば、蔣介石の息のかかった三民主義青年団においても、初版が使用され続けていた事例が見て取れる（筆者が確認したのは、次の版である。『中国之命運』三民主義青年団平津支団部、1946年)。

また、増訂版刊行後に刊行された解説本であっても、増訂版ではなく依然として初版に基づいて解説がなされている場合があり、増訂版に注意が払われている印象は受けない。戦時の混乱により、増訂版の印刷・流通が困難であった可能性も高いとはいえ、蔣介石の本意は英米に配慮した増訂版ではなく、初版にあったといえるかもしれない。

というのも、のちに台湾で刊行された二つの版（蔣総統言論彙編編輯委員会編『蔣総統言論彙編』正中書局、1956年；秦孝儀主編『先総統蔣公思想言論総集』中国国民党中央委員会党史委員会・中央文物供応社、1984年）は、いずれも増訂版ではなく初版を採用していたからである。この二つの版は、国民党が主導して編んだ蔣介石の著作集に収録されたものであり、いわば国民党のお墨付きを得た権威のあるものである。これらの版に、増訂版ではなく初版が収録されたということは、初版の方が蔣介石そして国民党に重視されていたからであろう。

以上をふまえると、増訂版刊行以降も、初版と増訂版のちがいが意識されないまま、初版が広範に流通するという状況が継続していたように思われる。中国国内において、あるいは蔣介石にとっては、それで特に問題はなかったのかもしれない。しかし、戦後になって新しい事態が出現し、『中国の命運』は再び大きな反響を巻き起こすことになった。

7　ジャッフェによる英語版の出現

新しい事態とは、フィリップ・ジャッフェ（Philip Jaffe）による『中国の命運』英語版（Chiang Kai-shek, *China's Destiny and Chinese Economic Theory*, New York: Roy Publishers, 1947）の刊行である（以下ロイ版と表記する）。（図版10）ロイ版は、『中国の命運』のほかに、やはり蔣介石の著作である『中国経済学説』をも合わせて翻訳し、さらに両著に対してジャッフェによる詳細な解説・注釈が附したものである。

ジャッフェは実業家とした活動した人物だが、アメリカの共産主義者が多く寄稿した雑誌 *Amerasia* の編集者も務め、アメリカ共産党と非常に近い関係を有してもいた。1937年にはラティモアらと延安を訪問し、毛沢東や朱徳と面会もしている。中国とも浅からぬ縁をもつ人物だったのである。

ロイ版の特徴として、陳伯達「評『中国の命運』」の評価を相当程度踏襲しつつ、蔣介石に対し「封建的」、「反民主的」であるとの非常に厳しい批判を展開していることが挙げられる。そしてその際、ナチスやヒトラーについてしばしば言及がなされることも目を引く。

たとえば、国民政府成立以降になされた弾圧は、ヒトラーによる自由主義、知識人の自由、労働者組織の破壊に次ぐ規模のものであったと糾弾されている。さらに、『中国の命運』において、今後の中

図版10　左から、ジャッフェ（1895〜1980年）、ラティモア（1900〜1989年）、朱徳、ジャッフェ夫人、トーマス・アーサー・ビッソン（のちにGHQ民政局に勤務し、日本国憲法制定にも関与したことで知られる）。1937年6月に、延安で撮影された写真である。
https://publishing.cdlib.org/ucpressebooks/view?docId=ft296nb15t&chunk.id=d0e6193&toc.depth=1&toc.id=d0e4718&brand=ucpress

国の発展のために大きな役割を担うよう期待を集めている三民主義青年団について、中国におけるヒトラー・ユーゲントであるとも指摘している。以上の点などをふまえ、『中国の命運』は中国における『わが闘争』なのであるとの辛辣な評価をジャッフェは下したのだった。

ジャッフェの筆鋒は、アメリカ政府にも向かっている。1946年1月、一部の連邦議会議員が『中国の命運』英訳版の公開を要求したのに対し、国務省はそれを拒否した。ジャッフェによるとその理由は、同書が不平等条約を糾弾し、さらには反民主的な視点と西洋の自由主義への反対を明示していること、そしてそのためにアメリカ国内での反発を招き、蔣介石への援助が不可能となってしまうためだった。

実際のところ、ロイ版刊行の時点にあっては、トルーマン率いるアメリカ政府の蔣介石に対する態度は、すでにきわめて冷淡であった。しかし、フランクリン・ローズベルトはもちろん、その後を継承したトルーマンも、蔣介石を当初は援助していた。ジャッフェとしては、こうした状況を憂慮するなかで、アメリカ政府の親蔣介石の姿勢を改めさせるべく、『中国の命運』翻訳・刊行の準備を進めていたと思われる。

8 中国国民党の対応

蔣介石に敵対的な姿勢をあらわにするロイ版の出現は、蔣介石そしてその意を受ける中国国民党にとり、座視できないものであった。ロイ版は、著者の許可を得ずに刊行された違法出版物であるとして、国民党はその正統性剝奪にただちに動くことになる。具体的には、『中央日報』紙上でロイ版を攻撃する報道を行い、さらには著者すなわち蔣介石の認可を得た公式版（*China's Destiny*, New York: The Macmillan Company, 1947）を刊行し、ロイ版の影響力を押しとどめようとしたのである（以下、マクミラン版と表記する）。

図版11　林語堂（1895〜1976年）。英語での著述も多く、アメリカではよく知られた存在であった。林太乙『林語堂伝』聯経出版事業公司、1989年。

マクミラン版は増訂版に基づいて王寵恵が翻訳し、アメリカでも著名であった文学者・評論家である林語堂が序文を寄せるという体裁をとった。（図版11）林語堂の序文は、『中国の命運』が中国が近代的で民主的な国家へと発展し、また新しい世界組織すなわち国際連合へ貢献していくことを示していると捉え、こうした点を全面的に賞賛するものであった。ナチスとの差異を徹底しつつ、蔣介石がアメリカにとり友好的な指導者であることをアピールするねらいがあったのだろう。

9　二つの英語版に対する英語圏読者の反応

『中国の命運』英語版は相当の反響を呼び、英語によりいくつかの書評が出されているが、ここでは二つの書評を紹介したい。

まず取り上げたいのは、マイケル・リンゼー（Michael Lindsay）による書評である（“Chiang Kai-shek's Way of Thought”, *The Virginia Quarterly Review*, Summer 1947, Vol.23, No.3）。イギリス出身のリンゼーは、中国留学を経て延安で活動した経験をもち、中国共産党に対して浅からぬ親近感を有していたと推測される。ただし、この書評自体は中国語原著、およびロイ版とマクミラン版の双方を冷静に比較検討した優れたものだといえる。

この書評でリンゼーが下すのは、二つの版いずれも基本的にはよい翻訳だが、マクミラン版は原著のニュアンスをかなり弱めているとの評価である。にもかかわらず、『中国の命運』において、蔣介石が西洋式の民主主義を好んでおらず、西洋の自由主義と個人主義に賛同する中国人を糾弾していることは、隠しきれるものではなかった。リンゼーは、そうした蔣介石の姿勢に懐疑的な視線を投げかけている。

もう一つ取り上げたいのは、フェアバンクによる書評である（“Introducing a Skelton from the Kuomintang Closet”, *The New York Times Book Review*, Feb. 9, 1947）。フェアバンクの書評もまた、中国語原著、およびロイ版とマクミラン版の双方を冷静に比較検討するという客観的な観点に立ったものであり、たとえば、ロイ版にはいくつかの文を訳していないという問題があること、マクミラン版は中国語原著のトーンを弱めている部分があることを指摘している。また、ロイ版が『中国の命運』を中国版『わが闘争』と呼称するのは、あまりにミスリードであるとの不満も示している。

とはいえ、リンゼーと同様、フェアバンクも『中国の命運』から看取される蔣介石の立場に対して、非常に批判的であった。フェアバンクの見るところ、蔣介石は人類の利益よりも国家の強大さを重視しているがそれは「大きな悲劇」であり、「アメリカのデモクラシーにとっても危険である」というのである。

この二つの書評からも明らかなように、マクミラン版という公式版刊行のねらいは、果たされなかったといえるだろう。それどころか、蔣介石がその根本において西洋に対し敵対的であることが、ロイ版そしてマクミラン版の刊行によっていよいよ明確になった感すらある。第二次世界大戦後の蔣介石にとり、アメリカの支援を引き続き獲得することがきわめて重要であったが、この二つの英語版の存在はその上で大きなマイナスになったと想像される。

おわりに

『中国の命運』刊行を控えた頃の蔣介石日記を見ると、忙しい政務の合間を縫って、蔣介石が原稿に実に細かく筆を入れている様子が確認できる。蔣介石は『中国の命運』刊行に、並々ならぬ意気込みをもっていたのである。

ごく短期間で130万部ともいわれる部数が流通したのも、その意気込みがあってこそのものだろう。蔣介石は『中国の命運』を通じ、広範な層の民衆に自身の思想をしっかりと理解・共有させようと目指していたのである。だが、こののち蔣介石が毛沢東に政権を明け渡すことになったという周知の事実を考慮すると、このもくろみは民衆による蔣介石への支持拡大には結びつかなかったといわねばなるまい。加えて、『中国の命運』が国民党内の支持すら得られず、また英米の反発をも招いたことは、蔣介石の意気込みとは裏腹に、その政権運営に多大な打撃を与えてしまったと評価しなければならないだろう。

参考文献

『中国の命運』の日本語版には、著名な中国研究者である波多野乾一による訳本（日本評論社、1946年。増訂版に基づく翻訳である）など、いくつかの版が存在する。しかし、いずれの版についても、公共の図書館などで気軽に手に取ることは難しいだろう。比較的確認しやすいのは、野村浩一ほか編集『新編　原典　中国近代思想史』第六巻（岩波書店、2011年）に収録されている抄訳（小野寺史郎訳）である。ごく一部分の翻訳ではあるが、小野寺氏による解題も附されており有用である。

なお中国語では複数の研究成果が発表されているが、特に次の二つの論文が有用である。

鄧野「蔣介石関於“中国之命運”的命題与国共的両個口号」

『歴史研究』2008年第4期、84-98頁。

『中国の命運』に対する中国共産党の反応について、多くの知見を提供する論文。

王震邦「閲読『中国之命運』」黄自進編『国共関係与中日戦争』稲郷出版社、2016年、439-524頁。

『中国の命運』に対する中国国民党の反応について、きわめて詳細な考察を加えており、多くを教えられた。

※本稿は、科学研究費補助金（17K13343）および公益財団法人三菱財団・人文科学研究助成（2017年度）による研究成果の一部である。

毛沢東——書家として、詩人として——

石川 禎浩

はじめに

「毛沢東」と聞いて、良いイメージを抱く人は、このごろの日本では少なかろう。否、日本に限らず、毛に好感を覚える人は、中国以外ではもう多くないはず、「偉大なる革命家」という名声は、1976年のその死の後には地に墜ち、代わって「冷酷な独裁者」だの、「赤い皇帝」だの、果ては「稀代の好色家」というレッテルさえ貼られる昨今である。おまけに「革命」自体の価値も日に下るばかり、『毛沢東選集』や『毛沢東語録』(毛主席語録)は、レトロなお土産に成り下がり、他方で根拠の怪しい「秘密文書」をちらつかせる暴露本が横行する始末である。

だが、本家中国での毛沢東は、今なお尊敬を集める偉大な指導者である。往時の狂信的崇拝の色合いこそないものの、その圧倒的な存在感は、到底かれ以後の指導者の及ぶところではない。毛沢東崇拝は、かれの革命によって飯を食えるようになった貧しい農民層や、貧しいながらもそれなりに平等だったことを懐かしむ老年層に多く見られるが、中国の人々が毛を慕うのは、毛がそんな世直しをしてくれた大恩人だからだけではない。かれの「文」の人としての魅力が多くの人を引きつけてやまないのだ。すなわち、革命家であると同時に、詩や書にも通じた人物、つまり文人としてのかれに敬意を払い、あるべき指導者像をかれに見いだすのである。

古来、中国では「文」への敬意が社会の基層にあり、政治家の器量、あるいは指導者としての資質も、多分にその人の持つ「文」の水準によってはかられると信じられてきた。「文」の素養としてとりわけ重要なのは、「詩」と「書」である。官僚登用試験である科挙の科目に、常に「詩」があったのは、おのれの抱負や気概、さらにはこの世の森羅万象を、古典を踏まえた定型詩のスタイルで表現できるかどうかによって、その人の資質、もっと大げさに言えば、その人の全人格がはかれると考えられたからである。古典を理解し、文章や詩歌に長け、おのれの考えを美しい文字でつづれる人は、当然に良き政を行うことができると誰もが信じていたし、恐らく今もそう信じられている。この点、毛沢東はまぎれもなく、中国の多くの人を心服させるほどの実力を持つ「文」の人であって、書でも詩でも、中国史上に一家をなすと評されている。

「文人としての毛沢東」などというと、多くの日本人は、あれっ、そんな面があるのと怪訝に思うかも知れないが、実際この側面を知っているかどうかは、毛沢東評価に大きく関連する。日本における毛沢東研究の第一人者である故竹内実教授は、1960年に訪中団の一員として毛沢東に会って握手をした時の印象を、「手のひらが意外にやわらかで」「嬰児の手のようでもあった」と述べた上で、それまで持っていた無骨な革命家という先入観がその瞬間に一変したと振り返っている。つまり、「この人はさっきまで本を読んでいた」「書斎人」なのだとの感覚が生まれ、それが毛沢東理解にとって極めて

図1　毛沢東の寝室兼書斎（龔育之ほか『毛沢東的読書生活』中央文献出版社、2003年）

図2　毛沢東公邸の応接室（共同通信イメージズ）

大事で、本質的なことだと直感したというのである。

まぎれもなく、毛沢東は読書家にして、愛書家でもあった。国家指導者時代の毛が住まいした公邸は、北京の故宮の西隣、中南海の豊沢園という場所に、今も菊香書屋として残されているが、その書斎兼寝室の写真が図1である。書棚に本が並んでいるだけでなく、広いベッドの上にも本が積んである——寝床ですぐに手にとれるように——のが見えるだろうか。ついで応接室（図2）だが、これも周囲に書棚が並び、おびただしい数の線装本（糸とじのいわゆる和装本）が並んでいるのが見えるであろう。

晩年まで続けられた集書によって蓄えられた毛沢東の蔵書は、この書斎のものも含めて、約9万冊を数える。それはどれほど多いのか。例えば、わたしの勤務する京大人文研は、90年近くの歳月をかけて集めた中国書（漢籍）コレクションを、国内外でも有数のものだと自負しているが、現在約24万冊である。毛の9万冊が個人の蔵書として、如何に大きなものかが知れよう。かれは時間があると、ベッドでそれらを読みふけり、地方視察で北京を離れる時にも、相当数の書籍を帯同した。結果的に、本の管理と収集は、毛沢東の秘書たちの大事な仕事となっていったのだった。

本の並ぶ応接室で、毛は内外の賓客に自らの集書コレクションから本を抜き取って贈ることもあった。実は前ページの図2は、1972年秋に、日中国交正常化交渉のために訪中した田中角栄首相らをその応接室に招いたさいの写真だが、この時、毛は田中に『楚辞集注』という書物を贈っている。また、その二年後の1974年に再訪中した大平正芳（外相）には、『懐素自叙帖』（影印本）を贈っている。前者は同郷の詩人屈原らの古詩（楚辞）を集成したもの、一方後者は、唐代の書家懐素の作品を収めたもので、いわばその二つは、詩賦と書、それぞれの領域で毛が最も愛した中華の「文」の精髄と言ってもよいものである。

さらに、それら贈り物には時に、毛沢東ならではのメッセージが込められていたことを忘れてはならない。例えば、田中首相に贈った『楚辞集注』については、それが訪中した田中の公式晩餐会での発言（日中戦争における加害者としての責任について、それを「ご迷惑をおかけした」と表現したことにまつわる紛糾）を踏まえた上での、ある種の意思表明だったことがあきらかにされている*。書物を通じて心のやりとりをするというそのエレガントなスタイルこそ、まさに文の人のそれにほかならない。

『楚辞集注』はほんの一例だが、こうした詩や書にまつわるエピソードを多く持つ政治家は、近現代中国を見回しても、この毛沢東以外にはいない。あるいは古典をめぐるこんな高度なやりとりを引き合いに出すまでもなく、日本でも、「書は人なり」「文は人なり」——つまり、字や文章を見れば、その人がどんな人なのかわかるのだ——というではないか。「書は人なり」「文は人なり」という視点で見た場合、毛沢東が残した書と詩から、わたしたちは何を感じとることができるだろうか。

---

*矢吹晋氏が一連の考証を行い、事の推移と中国側の認識について論じている。矢吹『日中の風穴：未来に向かう日中関係』勉誠出版、2004年；矢吹『激辛書評で知る中国の政治経済の虚実』日経 BP 社、2007年。

一、毛沢東の書――懐素に範をとった“狂草”の筆づかい

【毛にとっての「書」】

1949年に人民共和国の最高指導者となって以降、毛は多忙を極めた。ただし、内外の政治情勢がめまぐるしく変わり、国内でもかれの目指した社会主義建設がなかなか満足のいく成果をあげられずにいた時も、書の鑑賞と練習は、毛の大事な趣味であり続けた。

書道の心得のある人ならみな知っているように、書の鍛錬には法帖(ほうじょう)の鑑賞と古筆の臨模(りんも)が大事である。法帖とは歴代の優れた書家の作品を集成した書物、つまり今日流に言えば作品集で、それを傍らに置き、手本にして同じように書いて練習することを「臨模」という。法帖の代表的なものとしては、淳化閣帖（北宋）や三希堂法帖（清乾隆年間）がある。書家の誰もがそうであるように、それらを集めてながめるのが毛の趣味であった（図3）。その立場ゆえ、国宝級のものを取り寄せて鑑賞することもあったと言われる。

ちなみに、書といえば道具である。筆、硯、紙、墨を古来、「文房四宝」とよび、文人ならばそのこだわりは誰しもあるものだが、毛の場合は四宝への執着は、さほどではなかったようで、例えば硯などは、「端渓」といった逸品ではなく、郷里の湖南省湘潭の石で作った普通のものをもちいた。硯をはじめとして、こうしたありふれた四宝から、毛は次々と作品を生み出し、書において一家をなす

図3　法帖を見る毛沢東（中央文献研究室『毛沢東』中央文献出版社、1993年）

との評を得ていったのだった。もっとも、その評には、神の如く崇拝された指導者としての名声が上乗せされているということが多分にあるだろうが、作品を見れば、偉大なる指導者というメッキだけではないということが理解していただけよう。

毛沢東は日本の時代でいえば、明治の半ばごろ、日清戦争の直前の生まれである。まだ科挙があった当時の中国では、少しでも豊かな家ならば、ごく幼いころから子どもに毛筆の手習いをさせるのが当たり前だった。毛沢東は湖南省の農家の生まれではあったが、働き者の父が野良仕事の傍ら帳面をつけさせたり、私塾に通わせたりしていたので、幼い頃からそれなりに字の読み書きができたようである。ただ、身を入れて書に打ち込んだのは、生涯に二度、一度目は20歳を少し過ぎたあたりの青年時代、二度目は還暦を過ぎたあたり、つまり人民共和国のまぎれもない指導者となってからのことだった。一度目は、略歴でたどれば、毛が湖南省立第一師範学校（長沙）の学生として、国家

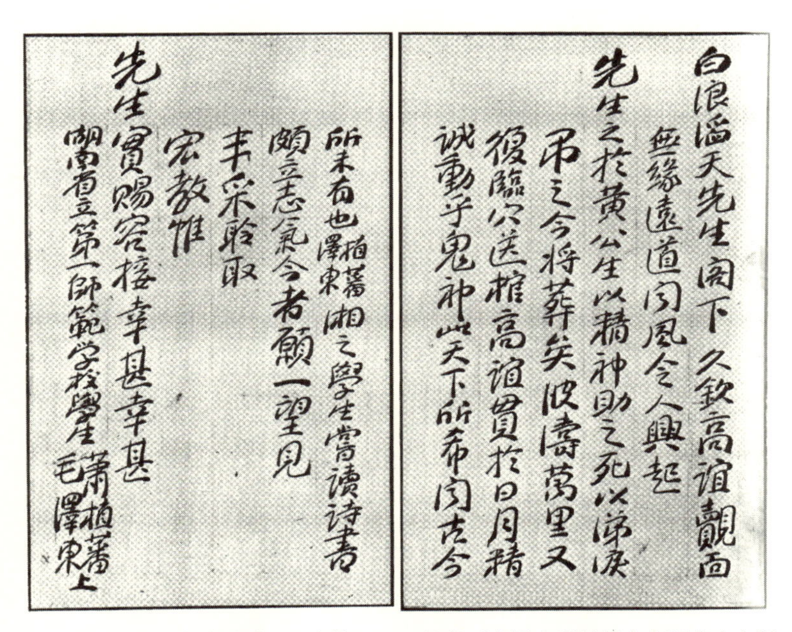
白浪滔天先生閣下 久欽高誼 覿面
無緣 遠道聞風 令人興起
先生之於黄公 生以精神助之 死以涕淚
弔之 今將葬矣 波濤萬里 又
復臨穴送棺 高誼貫於日月 精
誠動乎鬼神 此天下所希聞 古今
所未有也 植蕃 澤東 湘之學生 嘗讀詩書
頗立志氣 今者願一望見
丰采 聆取
宏教 惟
先生賞賜容接 幸甚幸甚
湖南省立第一師範學校學生 蕭植蕃 毛澤東 上

図 4　毛沢東の宮崎滔天あて書簡、1917年春（中国宋慶齢基金会研究中心編『宮崎滔天家藏民国人物書札手跡』第二巻、華文出版社、2016年）

や社会の行く末に関心を持ち始めたころのことで、同校の教師であった孫倞工（そんろうこう）、黎錦熙（れいきんき）といった身近な人物について、主には楷書と行書を学んでいる。

若いころの毛はどんな字を書いていたのか。幸いなことに、かれがちょうどそのころに書き送った毛筆の手紙が日本に残されている。図 4 は、東京池袋の宮崎滔天旧宅に残されている毛直筆の書簡である。毛が手紙を送った相手「白浪滔天先生」とは、清朝末期に日本に亡命してきた孫文らの革命運動を支援した宮崎滔天（寅藏）のこと、どうやら辛亥革命後の1917年に、宮崎は亡き盟友の葬儀のために訪中して長沙を訪問する機会があったようで、当時長沙の青年運動のリーダーだった若き毛沢東がそれを聞き知って、面会と講演を乞う書簡を送ったのである。むろん、この頃の毛は、まだ一介の青年にすぎないから、当時すでに著名人であった滔天への書簡は、文面も文字も大変に丁寧である。後年のようなうねるが如き草書体ではなく、比較的落ち着いた端正な筆致なのは、単に宮崎という大先輩への礼儀ばかりでなく、当時のかれが母校の師から習得した字自体が、このようなものだったのだろう。

毛青年がその後に、孫文を越えるような偉大な革命家になろうとは、当然に当時の宮崎は知る由もないわけだが、たまたまその青年からの手紙を残してくれたおかげで、我々はこれほど鮮明な書影を目にすることができるのである。毛の若いころの字は、現存するものが少ないだけに、この直筆書簡は貴重である。

この書簡ののち、毛はロシア革命や五四運動などに刺激を受けて、次第に急進的な社会の改造に傾斜していった。そして、1921年に上海で開かれた中国共産党の第1回大会に湖南の代表として出席、若き日は共産党の積極的活動家・実践家として、後には共産主義中国の絶対的指導者として、その死までかれ流の共産主義思想を堅持し、ぶれるところがなかった。

ただし、その書体は入党のあたりから次第にくずし字が多くなり、やがて1940年代以降は急速に芸術的色彩を帯びていくことになる。しばしば、「狂草体」と呼ばれる独特の書体への変化である。この間、いくたの曲折を経て、1945年前後、つまり日本との戦争が終結

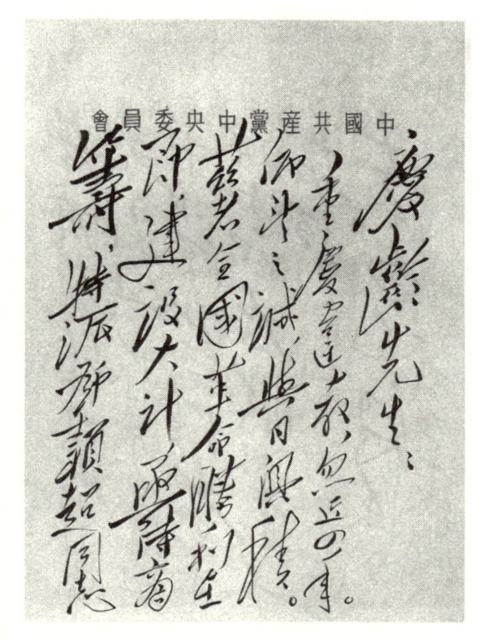
中國共產黨中央委員會

慶齡先生：
重慶違教，忽近四年。
仰望之誠，與日俱積。
茲者全國革命勝利在即，
建設大計亟待商
籌，特派鄧穎超同志

図５　毛沢東の宋慶齢あて書簡（中共中央文献研究室・中央档案館編『毛沢東書信手跡選』文物出版社、1983年）

するころには、毛沢東は共産党において、並ぶ者のない絶対的権威を確立していた。その唯我独尊的地位は、かれの筆遣いにもある種の自信を与えたように見える。それまでであれば、書簡にせよ指示書にせよ、読み手が読解できないほどに字をくずすことは、何とか控えてきたのが、その地位が絶対的になると、いよいよ書体が読み手の解読能力にかまうことなく、うねり出すようになっていくのである。

図５の書簡は、1949年６月に孫文夫人の宋慶齢（すなわち宋家の三姉妹の次姉）に宛てた書簡である。当時、中国共産党と国民党の内戦はすでに大勢が決し、中華人民共和国の建国が秒読みにはいっていた。孫文亡き後、その革命の遺志の象徴であった宋慶齢は、共産党主導の新体制に加わることが確実視されていたが、その北京来駕をうながしたのがこの書簡である。ちなみに、この書簡をしたためるほんの数日前、毛は共産党中央の面々と共に、北京郊外から北京城

内の中南海に移ったところだった。この書簡の字、先の宮崎滔天宛の書簡と比べれば、同じ人の字とは思えないほどの変貌ぶりである。同じく孫文の縁者に宛てた書簡でも、この時の毛はすでに1917年のかれではない。貴人に来駕をうながすという意は同じでも、いよいよ天下をとって、これから国造りにかからんとするかれの自信と精気が、その筆をより躍動させているのであろう。

ただ、踊るようなこの書体、上手いとはわかっていても、我々素人のレベルでは、例の「上手すぎて読めない」というのが正直なところではあるまいか。別の言い方をすれば、非常にクセのある字なわけだが、これは毛が意識して学んだものだと言われている。手本となったのは、唐代の書家（僧侶）・懐素である。懐素（725～？）は、かの顔真卿と同時代の人で、独特の草書をもって知られる。同じく草書に新境地を開いた張旭と合わせて「張顚素狂」と評されることもある。「顚」、「狂」いずれも、正気を失っているという意味で、確かに懐素の「自叙帖」（777年、図6）を見ると、筆の運びは融通無碍、草書の域をさらに超えて「狂草」と呼ばれたのも、合点がいく。

毛が懐素ら古人を意識しつつ、積極的に自らの書体を練り上げていった時期、それこそがかれの人生における二度目の鍛錬の時期であり、具体的に言えば、1955年から60年代はじめまでの時期である。これは、ちょうど毛が新設された国家主席に就任していた時期（1959年に大躍進政策失敗の責任をとる形で辞任し、代わって劉少奇が就任）に重な

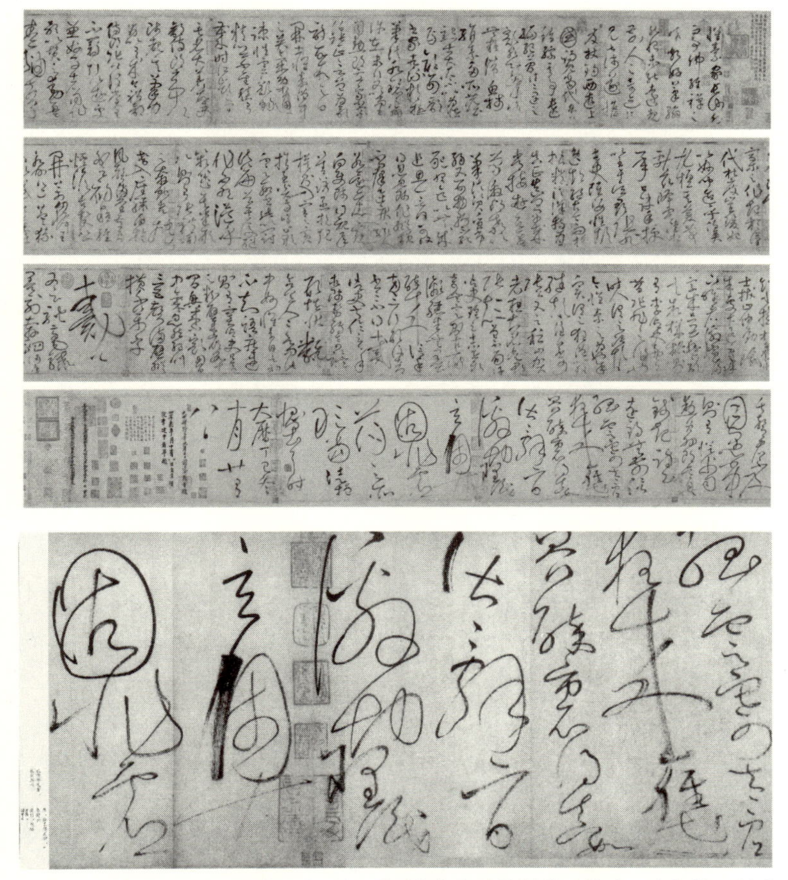

図6　懐素の自叙帖（全体、部分）（『歴代名家碑帖経典　懐素　自叙帖　論書帖』中国書店、2016年）

る。反右派闘争や大躍進といった激しい政策がとられ、それまで築いてきた共産党の権威がかげりを見せていた時期と言ってもよいだろう。

この時期、政策の激しさ、あるいは高揚感に突き動かされるかのように、あるいはその失敗による喪失感を埋め合わせるかのように、毛は各種法帖を取り寄せて、臨模と創作に励んでいる。今日のこる記録によれば、1958年から翌年にかけては、秘書（田家英）らに命じて、故宮博物院所蔵の草書法帖各種を借り出しており、さらに61年には、自ら集めた懐素の自叙帖など各種名品をすべて書斎にもってきて、好きな時に見られるようにはからっている。毛に仕えた秘書たちも、毛の一番のお気に入りは懐素だったと口を揃えて証言している。先に、大平正芳が1974年に訪中したさい、毛が『懐素自叙帖』（影印本）を記念に贈ったことを紹介したが、その背景にはこうした毛の懐素への偏愛があったわけである。そして、毛の書も1950年代半ば以降、懐素流の狂草を消化したうえで、次第に「毛体」とも呼びうるようなスタイルへと進化していったと言ってもよいだろう。

【毛体の確立】

「毛体」の特徴や技量の水準を云々することは、書の心得のない筆者の手に余る。ただし、その道の専門家に言わせると、毛が懐素の「狂草」を意識して自らの書体を練り上げていったことは明らかだが、懐素の草書が字の判読に困るほど抽象的なのに対し、毛のそれはうねるようではあっても、偏や旁に意識的に行書を残し、見る者が判読できるようになっている——それゆえ、懐素の亜流ではない——のだという。先に宋慶齢あての書簡を指して「上手すぎて読めない」などと評したが、なるほど懐素自叙帖に比べれば、まだ字が判別できるのは確かである。

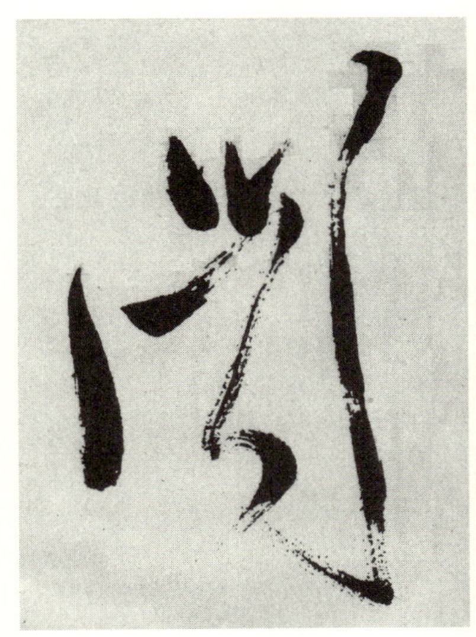

図７　毛沢東の草書「聞」（王鶴濱『行書書聖毛沢東』中国人事出版社、1993年）

図８　毛沢東の書いた「東」（王鶴濱『行書書聖毛沢東』中国人事出版社、1993年）

また、技法（テクニック）の面でも、一見勢いだけに任せているかに映るその筆運びには、毛ならではの鍛錬の跡をうかがわせるものがあるという。その一例は毛の書いた「聞」という字（図７）で、よくよく見ると、門構えの右の縦棒だけでも、五重五軽、五実五虚の妙味が詰め込まれているという。筆を一本調子に縦に走らせているのではなく、その際に微妙に力を入れたり抜いたりという工夫をしているという意味だろうか。さらに、かれは草書は草書でも、色々なスタイルを意識的に追い求めていたようである。それをあらわすのが図８で、これは毛の作品や署名から、「東」だけを集めたもの（集字という）である。自分の名前の一字だから、毛は生前にそれこそ数え切れないほど「東」の字を書いたわけだが、比較的短い期間の中で、字体にかなりの差違が認められる。書の専門家によれば、中年以降でこれだけ字体に変化がある例も珍しいという。常に向上、変化を追求し、固定した書体や運筆に満足しなかった毛の努力の跡といえるであろう。

こうした稽古を経て、毛の書は1960年代初めに一つのピークを迎える。図９と図10は、その代表作といえるものである。図９は日本でもお馴染みの李白の詩「早発白帝城」を書いたもの、図10は自作の詩「長征」を書いたものである。毛の詩については、次章で詳しく紹介するが、自作の詩をみずからの筆で書くことは、詩才と筆才を兼備してはじめてかなえられるものであって、ある意味では中国文人がおのれを文人の境地に達したと自任する行為である。詩と書にさらに水墨画のような絵が加わる場合もあるが、毛は画才には恵まれなかった——学生時代にかいた南瓜の写生画が残っているが、おせじにも上手いとは言えない——ようで、中国画のようなものを描くことはなかった。それはともかくとして、詩と書の融合は、中国における「文」の理想型であり、毛がここまで力を入れたのも、むべなるかなといったところだろう。

中華文人の世界では、こうしてできあがった「作品」は、互いを相認めた文人同士で交換したりするのが慣わしである。詩の応酬、書の応酬というのがそれである。ただし、毛沢東の場合は人民共和国以降になると、党首脳ですらかれを畏怖し、特に晩年は中南海の居宅からめったに外に出なかったため、対等あるいは気楽に詩文や

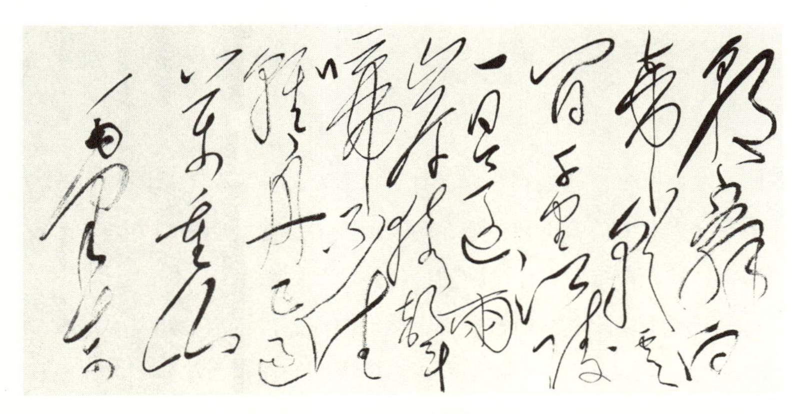

図９　毛沢東の書（李白「早発白帝城」朝辞白帝彩雲間、千里江陵一日還）（龍剣宇『毛沢東手跡尋踪』中共党史出版社、2016年）

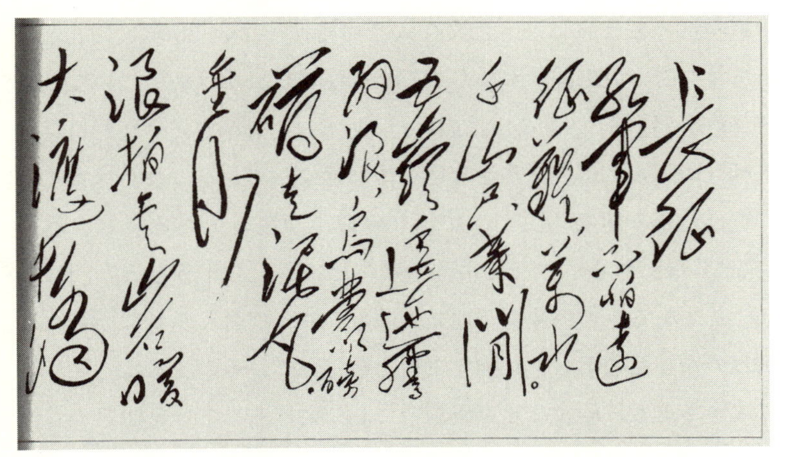

図10　毛沢東自筆の「長征」（中央文献研究室『毛沢東』中央文献出版社、1993年）

書の応酬のできる人は、ほとんどいなかった。中共の指導者の中では、外交部長もつとめた陳毅が比較的詩文の応酬のあった方だが、そのかれも文革初期に失脚している。文化人としては、文革にさいして「自分のこれまでの作品など、全て焼き捨てるべきで、少しの価値もない」と自己批判して、身を保った郭沫若が毛に附和した詩や書を発表しているくらいで、阿諛追従ではない応酬のできるような図太い神経の持ち主は、中国にはいなかった。

ただし、毛のそれへの賞賛は、個別の作品に特定の知友が贈るのではなく、中国全土からの毛沢東への集団的礼讃となってあらわれた。毛がそれを拒まなかったこともあり、1960年代以降、国中に毛沢東の書の作品が拡散する事態となった。特に毛への熱狂的礼讃が常軌を逸するようになった文化大革命時期（1966〜1976）には、大はホテルなどの大広間の壁にかける装飾品から、小は切手にいたるまで、毛の「狂草」体は全土に溢れた。いわば、文革という狂熱に浮かされた中国全体が、文字通り狂草体に感染してしまったわけである。

実は、毛が世を去ってすでに40年以上が経っている今も、毛の「作品」はあちらこちらに根強く残っている。ちょうど天安門に掲げられている毛の肖像画が他の人のものにすげ替えられないように、かれの残した題字もまた強い生命力を持っているのである。北京へ行ってみよう。巨大な北京駅駅舎に高く掲げられている駅名の看板「北京站」（北京駅）の文字（図11）は毛の手になるもの、北京北郊にある中国の最高学府北京大学の正門に掲げられている「北京大学」の額（図12）もかれの字、さらに中国共産党といえばお馴染みの「人民日報」の題字（図13）も、創刊以来、一貫して毛の揮毫したものを使っている。色々な面で毛沢東に比肩しようとしているように見える現役指導者の習近平だが、さすがに党機関紙の題字を自分の字

図11　北京駅の看板「北京站」

図12　北京大学の正門扁額

人民日报
RENMIN RIBAO

让"绿意"长江奔涌而来
——写在推动长江经济带发展座谈会召开两周年之际

习近平在学习贯彻党的十九大精神研讨班开班式上发表重要讲话强调
以时不我待只争朝夕的精神投入工作
开创新时代中国特色社会主义事业新局面

习近平强调，建设好我们这样的大党，领导好我们这样的大国，中央委员会成员和省部级主要领导干部至关重要，必须提高政治站位、树立历史眼光、强化理论思维、增强大局观念、丰富知识素养、坚持问题导向，从历史和现实相贯通、国际和国内相关联、理论和实际相结合的宽广视角，对一些重大理论和实践问题进行思考和把握，做到坚持和发展中国特色社会主义要一以贯之，推进党的建设新的伟大工程要一以贯之，增强忧患意识、防范风险挑战要一以贯之，以时不我待、只争朝夕的精神投入工作，推动全党全国各族人民把思想统一到党的十九大精神上来，把力量凝聚到实现党的十九大确定的目标任务上来，不断开创新时代中国特色社会主义事业新局面。

李克强主持　栗战书汪洋王沪宁赵乐际韩正出席

一以贯之坚持和发展中国特色社会主义
——论学习贯彻习近平总书记"1·5"重要讲话

2016年国内生产总值最终核实为743585亿元

探索精准扶贫"体育路径"

図13　『人民日報』第一面

に変えることは難しかろう。

毛沢東に限らず、様々な場で揮毫を求められるのは、指導者ならば当たり前だが、毛以外の指導者たちはどんな字を書いたのだろうか。先に紹介したように、「書は人なり」だから、何かわかるかも知れない。本セミナーにも登場した毛のライバル・蔣介石の字が図14、文化大革命で毛に粛清された悲劇の指導者・劉少奇の字が図15である。同じように毛の揮毫したのが図16で、いずれも革命運動のために奮闘する、あるいは奮闘した同志への言葉である。どちらかと言えば神経質で、万事にこだわり屋だった蔣介石は、果たしてその字も毛に比べれば、端正かつ几帳面であることが見て取

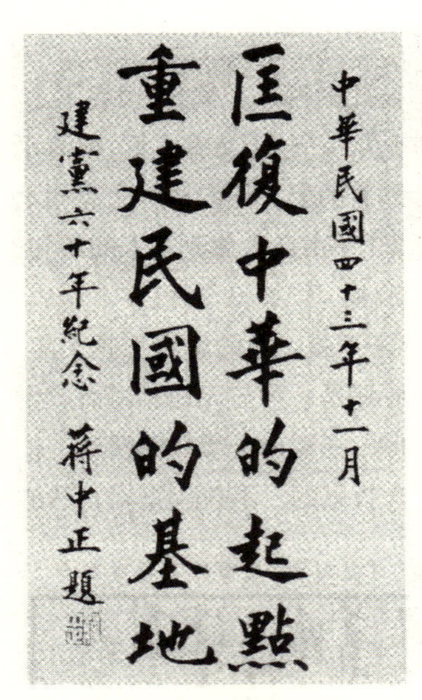

図14　蔣介石の揮毫「匡復中華的起点 重建民国的基地」(『永懐領袖』黎明文化事業、1977年)

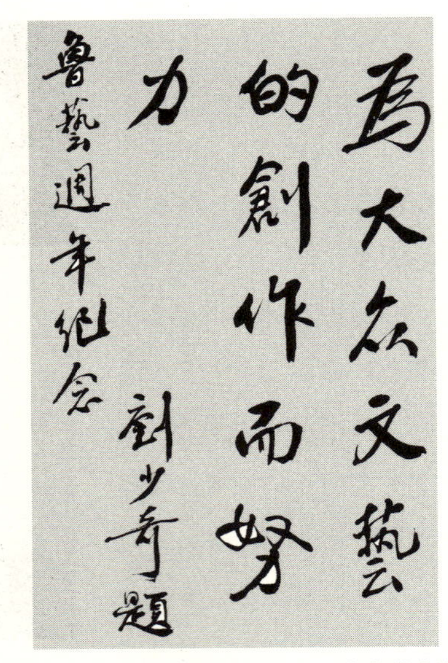

図15　劉少奇の揮毫「為大衆文藝的創作而努力」(中共中央文献研究室・中央档案館編『老一輩革命家手跡選』人民出版社、1991年)

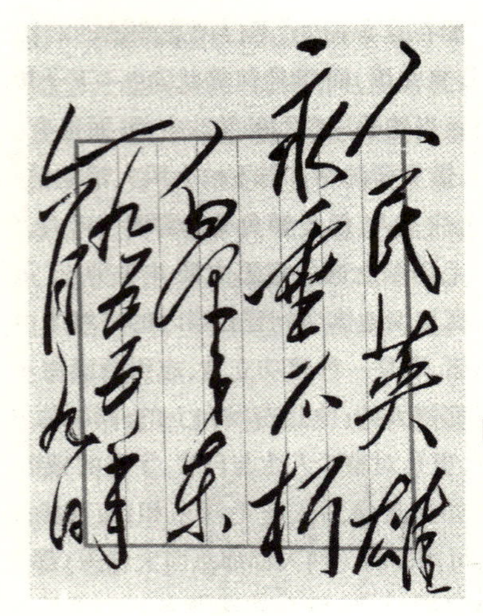

図16　毛沢東の人民英雄記念碑への揮毫「人民英雄永垂不朽」(中共中央文献研究室・中央档案館編『老一輩革命家手跡選』人民出版社、1991年)

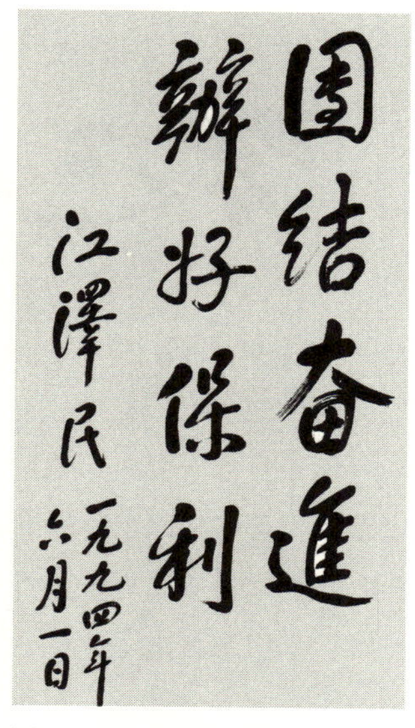

図17　江沢民の揮毫「団結奮進辦好保利」

れよう。また、威厳を感じさせようという雰囲気を感じとることもできそうである。他方で劉少奇の字はどうだろう。こちらももちろん筆に慣れた文人の字だが、わたしには真面目で誠実そうな、少なくとも毛沢東よりは、相手に丁寧に接しようという気遣いがあるように感じられる。やはり、「書は人なり」の通り、人柄が書からにじみ出てくるのだろうか。

では、毛の後継者たちはどうか。毛沢東の死後、華国鋒、鄧小平に始まって、胡耀邦、趙紫陽、江沢民、胡錦濤……と歴代の指導者はみなそれなりの字を書いているように思われる。中でもあちこちに字を書きまくったのが江沢民で、中国の観光地や世界遺産関連の名勝に行くと、たいがいかれの字を見ることができる（図17）。ただし、タップリと墨をつけてヒョイヒョイと書いているようなかれの字を好きだと言う人は、わたしの周囲にはほとんどいない。気持ちや信念といったものが感じられないというのが、そうした方々の言い分である。

ちなみに、今太閤ならぬ今沢東と言ってもよい習近平だが、毛筆の書はほとんど出回っていない。ネット上には、習の字だという説明のついた毛筆、ペン字さまざまな題字が溢れているが、実は出所

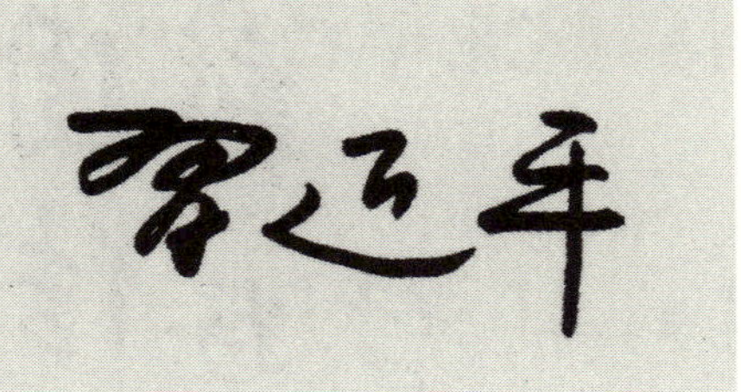

図18　習近平の自署（『習近平談治国理政』外文出版社、2014年）

の怪しいものが大半で、中にはどうも不純な目的で誰かがでっち上げたとみられる字もある。習が最高指導者となることは、特に早くから決まっていたわけではなく、下積みのころや出世の階段を駆け上がっていた地方の首長時代には、それなりに書や揮毫を求められただろうから、字は残っているはずだが、不思議と出てこない。唯一確かなのは、芳名帳などへのサイン（図18）を見る限り、極めて平凡な字で、そこからはかれの個性を見いだすことは難しいということである。中国のメディア、あるいは習自身も強い指導者のイメージ作りには余念がないようだが、かれが今後、自身の書体のごときものを生み出せるかどうか、指導者の書に注目が集まる中国では、余技では済まない問題のはずである。

ついでに紹介しておくと、共産党の歴史を研究する筆者は、北京に行くたびに、必ず中央文献出版社の直営書店を訪れる。この本屋、その名の通り、共産党の理論や歴史、指導者の文集、伝記などを扱う専門書店なのだが、面白いことに、店の一角にかなりのスペースの書道コーナーがあって、法帖などを並べている。王羲之、顔真卿はじめ、例の懐素、さらには毛沢東の書跡もあり、書道博物館のミュージアム・ショップといってもおかしくない充実ぶりである。この直営店を利用するのが、党の関係者、あるいはすでに引退した党幹部たちであることを考えにいれるなら、どうも書の素養は、理論学習などと並んで、今もなお党員の身につけるべきもの、あるいは望ましい趣味であるらしい。これもまた、毛沢東時代以来の遺産、さらに言えば、中国政治文化の現代の姿なのかも知れない。

【大書家の最期】

1966年にはじまる文化大革命の時期、毛沢東の書はまさに全国を席巻したが、その巨人にもやがて老いがやって来る。1970年代に入ると、つまり80歳を迎えるあたりから、身体の衰えが目立つようになった。それまでは、かれのところにあがってくる様々な報告書や決裁書類に、手書きで指示や意見を書き込むことを習いとしていたが、そのころになると、その字も乱れていく。1975年には深刻な状態となっていた老人性白内障の手術を受け、目は見えるようになったが、翌年には居室から出るのが難しくなり、不明瞭な発話を秘書が聞き取ってその意思を伝達するのが精一杯となった。

こうした中、1976年１月に片腕だった周恩来が死去、文革の混乱はなお終熄の気配を見せず、次は「赤い太陽」が沈んだ後、誰がその革命を継ぐのか、暗闘が始まっていた。図19は、毛沢東の絶筆と言われるもので、かれが後継者と目された華国鋒に与えたとされる書き付けである（図20）。「你办（辦）事, 我放心（君がやってくれれば、安心だ）」という六文字で、ここには往年の大書家の面影はもはやない。

この書き付け、実は本物かどうか、議論がある。本物だという説

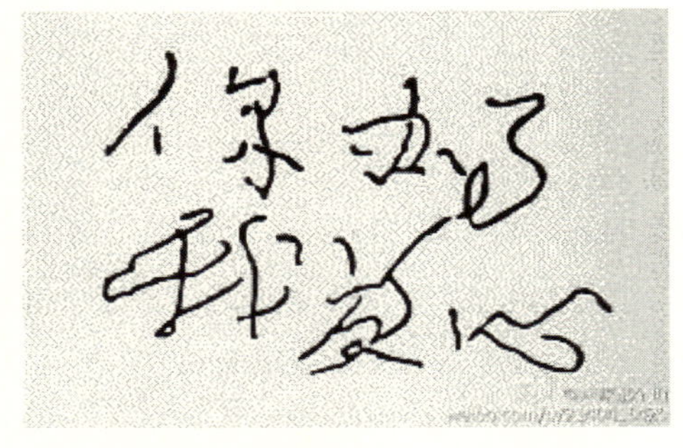

図19　毛沢東の絶筆とされるもの「你办事　我放心」

図20　毛沢東と華国鋒（中央文献研究室『毛沢東』中央文献出版社、1993年）

の中にもバリエーションがあって、この遺言には後半があって、そこには「有問題，找江青（何かあったら、江青〔毛沢東夫人〕に相談しろ）」とつづられていたのだという説もある。まさに、皇帝の遺詔をめぐるドラマのような話である。華国鋒はこの「遺詔」を最大の切り札として、後継者の地位を固めようとしたが、毛の文字の神通力は失われていたようで、数年を経ずして鄧小平に指導者の座を明け渡すことになる。一方、遺言に後半があったとすれば、陰の実力者になったはずの江青だが、毛の死後ひと月もせぬうちに、その華国鋒らに逮捕され、その後文革の混乱を招いた最大の悪女という汚名をかぶったまま、獄中でみずから命を絶ったことはよく知られていよう。

毛の死から20年余り後の1999年、『書法』という中国の書道専門誌が「20世紀の書家十傑」なる選考企画を立て、専門家39人の記名投票によるランキングを発表した。毛沢東は26票を獲得、5位にランクインしている[†]。意外なようでもあり、妥当なようでもある。ただ、書の価値が投票のランキングで順位付けできるのか、あるいは毛の書は指導者（政治家）の書であり、書家の書と同列には論じられないなど、様々な意見が寄せられ、なかなか評価・意見の一致を見るのは難しいという。かれの政治的評価の揺れとある意味で共通することなのかも知れない。

二、毛沢東の詩（詞）——天下や歴史を相手に人生を戦う

【毛沢東の詩作デビュー】

毛沢東の詩については、書以上に研究が進んでおり、関連出版物も多い。詩そのものの翻訳も、日本語訳、英語訳ほか出されているだけでなく、それら外国語訳された詩についての研究（つまり翻訳をめぐる研究）すらあるほどである。毛の場合は、我々が普通に漢詩と呼ぶ唐詩よりも、詞（ツー）と呼ばれるより軽快な定型詩に秀作が多いと言われる。詞は一句の字数が固定されず、一首の中に長い句、短い句が不揃いにならぶもので、それゆえ句型も多く、二千以上に上る。特に宋朝のころに発達し流行したため、宋詞と呼ばれることもあるが、当然に平仄（ひょうそく）もあれば押韻もある。句型にはそれぞれ「沁園春」

[†]ちなみに他の上位者は、呉昌碩（35票）、林散之（35票）、康有為（35票）、于右任（35票）である。

や「憶秦娥」などといった雅な名がつけられていて、例えば「憶秦娥　春」と言えば、憶秦娥の句型で春をうたった詞だという意味になる。

毛がその生涯に作ったとして知られている詩（詞）の数は八十弱である。ハッキリと数が確定できないのは、残闕のみのものや作ったという伝承があるだけで、本当に毛の作品かどうか確認できないものがあるからである。ちなみに、中国の詩人と言えば必ず名の挙がる李白や杜甫は、生涯でそれぞれ一千弱、一千五百余りの詩を残しているから、毛の八十という数は、非常に少ないということになる[‡]。かれの詩作は学生時代（湖南省立第一師範学校）に始まるが、そのころから雑誌などに発表していたというわけではなく、人民共和国建国前に毛の詩として世に知られていたのは、わずか二、三首にとどまる。つまりは、友人、同志などごく限られた範囲では、詩を作ることが知られていたが、それをおおやけにする機会がなかったということである[§]。

1949年以前に公表された詩がほとんどないのは、詩作が革命家の本分にたいして余技と見られたということも理由だろうが、より大

[‡]毛の歴代詩人にたいする好みに関しては、古詩では「楚辞」（特に屈原）、唐詩では李賀、李白、李商隠、詞では蘇東坡と辛棄疾を高く評価していたと言われる。

[§]毛の部下であった高自立なる人物が、1936年初めにモスクワで執筆した「毛沢東伝略」（手書き原稿）には、毛が書法、詩賦に長じた文化人であるということが記されている。すなわち、毛の詩才、筆才は党内ではある程度知れ渡っていたということである。

きな理由は、国民党・国民政府統治下では、毛ら共産党は徹底的弾圧の対象であり、共産党を好意的に紹介するような報道は望めなかったという事情がある。毛沢東らは、人を見れば殺し、家を見れば焼く極悪非道の武装集団、つまりは「赤匪」「共匪」と呼ばれていたのだった。そんな共産党像を大きく変えたのが、1936年に共産党の根拠地に潜入取材を敢行し、その見聞をまとめたエドガー・スノーのルポルタージュ『中国の赤い星』(Edgar Snow, *Red Star over China*, 1937年刊) である。そして、この本こそが、毛の詩を掲載した最初の書物なのである。

毛が語る生い立ち、前半生を収録したこの本には、長征をうたった毛の詩が収められている。英語の本ゆえ、毛の詩も英語で、漢字はついていない。毛が英語で詩を書くことはあり得ないし、スノーも漢詩を自分で英訳するほどの語学力はなかったから、もとの漢詩の意味を誰かに教えてもらい、それらしく英訳したものだろう。これについては、スノー自身が自叙伝『目覚めへの旅』の中で、「長征に関する詩を毛は自筆で私のために写してくれたが、かれの通訳者の援助を得て私は自由に英訳してみた」と述べている。英訳されたこの詩は、「七律 長征」というもので、今日では毛沢東の代表作の一つとして数えられている。つまりは、毛の詩のデビュー作は、まず英語で発表されたのだった。

一般に、英訳された詩だけを頼りにして、もとの中国語の詩を復原することはできない。使っているはずのもとの漢字にはいくつも候補があって、決まった漢字を特定できないからである。だが、『中国の赤い星』原著出版の直後に上海で出た漢訳版（1938年初めに刊行された『西行漫記』）には、現在通行の版本とほぼ同じ文字の長征の詩が載っている。ただし、当時上海にいた訳者がはるか彼方の共産党の根拠地から詩の原文をとりよせたとは、およそ考えられない。では、誰がもとの詩を訳者に提供したのか。これもスノー自身であろう。なぜなら、漢訳版の『西行漫記』には、もとの英語版には収録されていないスノー撮影の写真がつけられており、漢訳版のためにスノーが様々な資料を提供していることが確認できるからである。それは、スノーが持ち帰った「七律 長征」（漢字）をそれら写真と合わせて、訳者に提供していたことを意味するのである**。

その毛のデビュー作「七律 長征」は、次のような詩である。

紅軍不怕遠征難、萬水千山只等閒。
五嶺逶迤騰細浪、烏蒙磅礴走泥丸。
金沙水拍雲崖暖、大渡橋横鉄索寒。
更喜岷山千里雪、三軍過後盡開顔。

紅軍は遠征の難きを怕れず、萬水千山 ただ等閒（ことなし）。

**スノーの傑作ルポルタージュ『中国の赤い星』の取材と出版の経緯については、石川禎浩『赤い星は如何にして昇ったか』（臨川書店、2016年）を参照されたい。

五嶺は逶迤(いい)たれど細浪を騰(こ)えるのみ、
烏蒙は磅礴(ほうはく)たれど泥丸を走(また)ぐのみ。
金沙の水拍(う)ちて雲崖暖かく、大渡の橋 横たわって鉄索寒し。
更に喜ぶ 岷山千里の雪、三軍過ぎて後 盡く開顔(わらう)。††

紅軍はどんな困難も恐れはしない
あまたの険山も急流もこともなげに越えてきた
うねうねと続く五嶺の山々も
烏蒙の峰々もひとまたぎで越えてきたし
金沙江の流れや急峻な崖とて何ほどのことはなく
大渡河の橋も冷たい鉄索を伝って渡った
岷山を覆う雪をめでながら今や最後の難所を踏破し
笑顔は兵士たち皆に広がっている

この七律、確かに形式的にも修辞の面でも問題のない作品である。ただし、長征という破天荒な行軍を成し遂げた者の自負と達成感はうかがわれるものの、味わいと余韻にやや乏しいとの印象を免れず、この一首のみをもって毛の詩才を云々することは難しいだろう。

††なお、当初1938年に『西行漫記』に収められた詩では、第三句「金沙水拍雲崖暖」を「金沙浪拍懸巌暖」に作る。ここに収録するのは、毛沢東自身の推敲、修正を経て1957年に『詩刊』に発表されたものである。

【傑作「沁園春 雪」】

毛の詩人としてのスケールの大きさを示し、天下に毛沢東ありという評価を打ちたてたのは、1945年秋に公表された傑作「沁園春 雪」である。この詞、作られたのは1936年初めだが、世に知られるようになったのは、それから10年近くもたった抗日戦争終結後のことで、発表されたものでいえば、「七律 長征」に次ぐ第二作ということになる。時あたかも八年の長きに及んだ日本との戦争がようやく終わったのを受けて、戦後中国の行く末を蔣介石と話し合うため、毛沢東が重慶にやって来たおりに披露されたものである。この詩の公表にはドラマがあった。

図21 蔣介石と毛沢東（殷双喜主編『毛主席：紀念毛沢東誕辰121周年影像経典 美術巻』人民美術出版社、2014年）

1945年８月末に空路重慶にやって来た毛沢東は、蔣介石をはじめとする国民党・政府の首脳たちと一カ月余りにわたり厳しい交渉を重ねる傍ら、各界の名士たちとも交流した（図21）。『中国の赤い星』でそのベールをぬいだとは言え、当時の毛沢東は多くの人々にとって、まだまだ謎の人物である。それが遂に国民党蔣介石の待つ重慶にやって来て、世間に姿をあらわしたのだから、注目を浴びないはずがない。一方で、毛は

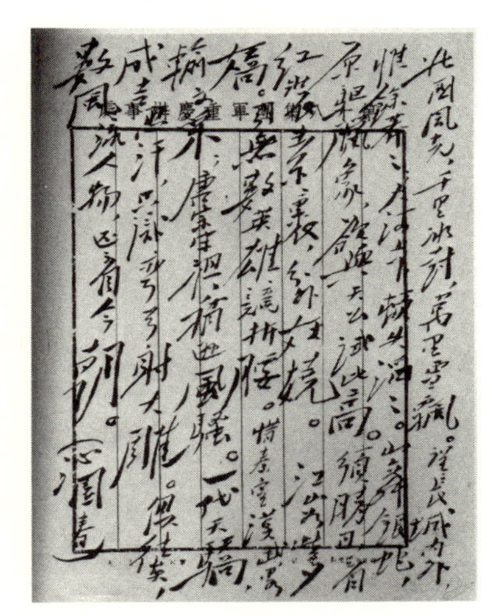

北國風光，千里冰封，萬里雪飄。望長城內外，惟餘莽莽；大河上下，頓失滔滔。山舞銀蛇，原馳臘象，欲與天公試比高。須晴日，看紅裝素裹，分外妖嬈。江山如此多嬌，引無數英雄競折腰。惜秦皇漢武，略輸文采；唐宗宋祖，稍遜風騷。一代天驕，成吉思汗，只識彎弓射大鵰。俱往矣，數風流人物，還看今朝。沁園春

図22　毛が柳亜子に送った自筆の「沁園春 雪」（童小鵬主編『第二次国共合作』文物出版社、1984年）

国民党関係者、政界関係者にも交友があった。どういうことか。共産党は、農村ゲリラ戦に転じる以前、1920年代半ばに国民党と共闘（国共合作）していた時期があって、その時分に共産党員の毛沢東も国民党に加入して活動していたことがあった。つまりは、重慶の国民党など政界や文壇の名士の中には、かつて毛と同僚・同志だった面々がいたということである。

かつての同志だった毛沢東が今や戦後中国の行方を占う重要人物として、重慶にやって来たのだから、当然に様々な応接や書簡の応酬がなされる。士人同士の手紙のやりとりとなれば、自作の詩を添えたりするのが流儀というものであろう。毛の「沁園春 雪」は、かれが旧友である柳亜子（国民党の元老格の一人）にあてた10月 7 日付けの書簡に付されていたものである（図22）。その詩に感動した柳はそれに唱和した作品を作り、毛の延安帰還後に、自作と合わせて重慶の共産党系の新聞社である『新華日報』に持ちこんで、掲載発表を依頼した。だが、新華日報側は、毛の詩の公表には本人の同意がいるという理由でそれを退け、毛の詩を激賞する柳の詩だけを掲載した（11月11日）。こうなると元の詩を見たくなるのが人情という

もの、果たして3日後に重慶の『新民報晩刊』なる新聞が元の詩をすっぱ抜いた。「沁園春　雪」はこうして世に登場した。読み下し、現代日本語訳と合わせて全文を掲載しよう。

沁園春 雪
北国風光、千里冰封、萬里雪飄。
望長城内外、惟餘莽莽。
大河上下、頓失滔滔。
山舞銀蛇、原馳蠟象、欲與天公試比高。
須晴日、看紅装素裏、分外妖嬈。
江山如此多嬌、引無数英雄競折腰。
惜秦皇漢武、略輸文采。
唐宗宋祖、稍遜風騷。
一代天驕 成吉思汗、只識彎弓射大雕。
倶往矣。
数風流人物、還看今朝。

北国の風光 千里 冰(こおり)に封(とざ)され、萬里 雪 飄(ひるがえ)る。
長城の内外を望めば、惟だ莽莽(ぼうぼう)たるを余すのみ。
大河の上下は 頓(とみ)に滔滔たるを失う。
山には銀蛇舞い 原には蠟象馳せ、
天公と高さを比ぶるを試んと欲す。

晴日を須(ま)って 紅く装い素(しろ)く裹(つつ)めるを看ば、分外に妖嬈たらん。
江山は此くの如く多(はなは)だ嬌(なまめ)かしく、
無数の英雄を引きて競って腰を折らしむ。
惜むらくは秦皇と漢武は 略(ほぼ)文采に輸(おと)り、
唐宗と宋祖は 稍(やや)風騒に遜(ゆず)る。
一代の天驕 成吉思汗(チンギスカン)も 只だ弓を彎(ひ)きて大鵰(おおわし)を射るを識るのみ。
倶に往きぬ。
風流の人物を数えんには、還(な)お今朝を看よ。

北国の風光のすばらしさを見よ
千里万里の果てまで氷と雪の世界だ
彼方を眺めれば、長城の内外はどこまでも白く
黄河の流れは、はや凍ってしまっている
雪をいただいた山は銀蛇が舞うごとく
高原も白い聖象が走っているかのごとく
まるで天の太陽と高さと美しさを競っているようではないか
晴れた日になれば、陽光が雪を赤く照らし
美人の装う紅白の衣裳のあでやかさにも似たこの北の大自然
あぁ、吾が祖国の山河は、かくも人を引きつけてやまず
この魅力に惹かれて、古来無数の英雄たちが
争うように功業をこの祖国にささげてきた
試みに名を挙げよう

かの秦の始皇帝や漢の武帝は、なかなかの人物だった
だが、文の力量に乏しい
唐の太宗や宋の太祖も、それなりの人物ではあったが
文の魅力ではやや物足りない
天を恐れぬ一代の英雄チンギスカンも
強弓で大鷲を射落としはしたが、それだけだ
すべては過去の人物にすぎない
真に偉大で優れた人物を待望するならば
今のこの世を見るがよい

発表されるや否や、重慶はその詩の話題で持ちきりとなった。余りにもスケールの大きな詩だったからである。

この詩の前半がうたっているのは、毛沢東たち共産党が本拠地を置いていた陝西省あたりの冬の光景である。黄土高原を縫う黄河の流れは、はやすっかり凍り付いている。雨量が少ない華北にも今朝は雪が降り、遠く遥かに続く山も大地も白く覆われている。それに朝日が差して赤く染まると、その美しさはあでやかな衣をまとった美女にも喩えられんばかり、あぁ麗しきかな吾が祖国の山河、と言った賞賛に引き続き、その麗しき山河に古来多くの英雄が魅せられ、おのが命と功業を捧げてきたことが述べられる。そして歴代の偉大な皇帝たちが論評されていくのである。

秦の始皇帝、漢の武帝、いずれも誰しもが知る古代中国の大英雄

である。中国の原型を築いた王者の中の王者だと言ってよいが、毛の評価は「ほぼ文采におとる」と手厳しい。つまり、中国を統一したとは言うが、文の面ではとても一流とは言えないというのである。さらに、唐宗と宋祖が俎上に載せられる。唐の太宗は名皇帝として聞こえた李世民、そう貞観の治で知られる歴代屈指の名君である。さらには宋の初代皇帝趙匡胤、この太祖も文に秀でた優秀な皇帝だが、それも毛に言わせれば、魅力にやや乏しいと切って捨てられる。最後に出てくるのは、かのチンギスカン、中国のみならず、欧亜にまたがる大帝国を打ちたてた一代の英傑だが、結局は武だけの人物に過ぎないと一蹴されてしまう。そして、歴代大皇帝にたいする何とも傲慢な評語を連ねた末に、行き着くところが「すべては過去の人物に過ぎない」であり、「風流の人物」つまり真の英傑を待望するなら、「今のこの世を見よ」という衝撃の境地なのである。

古来より大人物とされてきた歴代の皇帝たちを一刀両断にした上で、今のこの世を見よというのだから、つまり毛は自分をそれら皇帝よりもさらに上の人間だと自負しているのだ、誰もがそう感じた。たちどころに論評や解説が毛沢東のいない重慶に溢れかえった。その代表格は重慶の大手新聞『大公報』である。同紙は三日連続で詩と論評を掲載し、毛の詩には「帝王思想」が溢れているという辛辣な評価を下した。同様に蔣介石の国民党に連なる文士たちも、毛の傲慢さを批判する詩を次々に発表した。例えば、そのうちの一つは、次のような結句だった。「時未だ晩からず、屠刀を放下せば、今朝にも成仏せん」。「今からでも遅くない、お前たち共産党が人殺しをやめれば、すぐにでも成仏できよう」とこんな具合である。

だが、それら毛の詩をそしる詩は、どんなに技巧を凝らしても、またどんなに理屈を振り回しても、毛の作品にはまったく太刀打ちできなかった。つまりは、どんなに頑張って毛を批判し、揶揄する詩をつくっても、所詮は揚げ足取りの域を超えられず、毛の詩のスケールの大きさの前には、ごまめの歯ぎしり同然だったのである。かくて、国民党関係者からは数え切れないほどの反論の詩詞や論説が出されたが、かれらが騒げば騒ぐほど、逆にその場にいない毛の存在感が際立ち、かれのスケールの大きさだけが人々の記憶に残ったのである。蔣介石は毛との会談では、あくまで自身が中国の指導者であると終始威厳を示したものの、イメージ戦では毛の完勝だったと言ってよいだろう。

「沁園春 雪」は、発表こそ1945年だが、詞自体が作られたのは1936年2月、つまり長征の末に共産党が陝西省北部に根拠地を移した直後である。湖南出身の毛が体験した北方の冬はそれが初めてではなかったが、その若き日に体験した北京の冬のたおやかさに比べ、陝北・黄土高原の冬の光景は、かれの詩興をよりダイナミックな方向へと駆り立てたに違いない。余人の追随を許さぬ毛ならではの作品と言えるであろう。

さて、大きな波紋を引き起こしたこの詩、特にその結句の解釈だが、毛沢東自身はどう考えていたのだろうか。大いに論争を呼んだ

「風流の人物を数えんには、還(な)お今朝を看よ」の句の意味するものについて、毛自身は後年「色々に解釈するものがいるが、みな誤りだ。この結句は無産階級(プロレタリアート)のことを言っているのである」と説明している。つまり、皇帝たちが英雄気取りで天下を我がものにしてきた歴史は過去のものとなり、これからは革命によって世界を変えていく民衆の世の中になるのだ、かれら革命的プロレタリアートこそが真の英傑なのだというのである。なるほどそういう解釈も可能かも知れない。現に、毛のこの作品は英訳されていて、その部分は次のようになっている。

> All are past and gone! For truly great men, Look to this age alone.

ポイントは、「風流の人物」に相当する箇所（truly great men）が複数形になっていることである。つまり、毛が自分のことを指しているのなら、この箇所は単数形（man）になるべきところ、それが複数形だということは、毛個人を指しているのではないというわけである。なるほど、そうか——もっとも、毛が英訳したわけではないし、この言い回しは中国で刊行された英文版毛詩選に見えるものだから、その翻訳は毛の意向（説明）をそのまま反映しているに過ぎない、つまりは表向きの公式解釈だと見ることもできよう。

だが、この詩を読む者は、この「風流の人物」がやはり毛沢東がおのれのことを意識した上での言葉だったのではないかと思いたくなるし、かりにそう解釈したところで、詩の魅力が増すことはあっても、減じることはないであろう。つまりは新しき世を作るべく奮闘せる革命的大衆を率いている自分（ら）が次の時代の主人公なのだという決意と自負こそが、この詩を魅力的にし、我々の想像力をかき立てるのである。そもそも、「無産階級（プロレタリアート）」を指すのであれば、歴代の皇帝たちに「文」が欠けていたなどと前置きする必要はないだろうし、「風流の人物」というような持って回った言い方ではなく、別の言葉を使った方がよい。要は、この言葉だからこそ、当時の人はそれが毛自身を念頭においた結句だと感じとり、ある者は驚愕し、ある者はそれに激しく嚙みついたのである。

【詩作の傾向】

「沁園春 雪」で詩人としての才能をあらわした毛は、その詩の結句を地で行くかのように、1949年に天下をとった。そのころまでに発表された毛の詩は、前述の「長征」「沁園春 雪」程度で、決して多くない。だが、その「沁園春 雪」での鮮烈なデビューが余りにも強烈だったため、人々は毛の他の詩が発表されることを待望した。それに応えて1957年に発表されたのが、雑誌『詩刊』創刊号に掲載された毛の「旧体詩詞十八首」である。『詩刊』に発表されたのは、1925年の作「沁園春 長沙」から1956年の「水調歌頭 游泳」までの18首、これによって人々は毛が国家指導者となって後も、旧詩を作り続けていることを知ったわけである。

共産党主導の人民共和国において、古いスタイルの詩は、社会主義時代の新文化にそぐわないという文芸政策上の意見もあり、決して推奨されたわけではなかった。毛自身も「詩は当然に新詩を主体とすべきで、旧詩はいくらか作ってもよいが、若い人たちの間で提唱すべきではない」と語り、自らの詩作についても、新詩は不得手ゆえといいわけしているが、そこは中華文明の精髄とも言える詩詞、社会主義の中国になったからと言って、簡単に衰退するようなものではなかった。『毛沢東選集』の刊行が続く中、詩の専門誌の創刊に合わせて毛の詩が発表されたことは、旧体詩、いわゆる漢詩は、古いからといって捨て去られるようなものではないということを人々に感じさせたに違いない。

『詩刊』以後も、毛の詩詞は新たに見つかったものを含め、様々な形で増補され、本章の冒頭でも述べたように、現時点で八十首弱が確認されている。その八十ほどの詩詞をごく簡単に創作年代ごとに数えてみたのが、下表である。

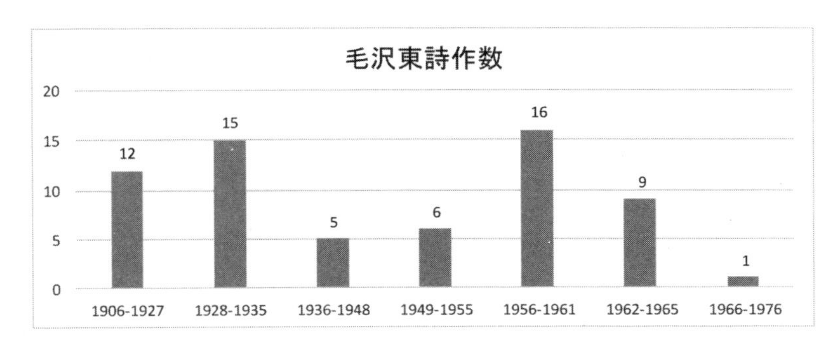

年代のとり方はかなりいい加減だが、ざっと見て、① 1928〜35年と ② 1956〜61年あたりに詩作数が増えているのが見てとれよう。言うまでもなく、毛は詩作で生計を立てていたわけではないし、この表に出ていない詩作もあったかも知れないから、この表が示しているのは、ごくごく大ざっぱな傾向に過ぎない。それを承知の上で、かれの革命活動と重ね合わせて言えば、①は毛が農村で激しい革命闘争をし、時に不遇や難局に身を置いていた時期、②は急激な社会主義化政策を実行していた時期ということになる。ということは、困難を克服せんとする熱情やその達成感・充実感がかれの詩作のエネルギー源であったという解釈が可能であろう。

毛の人生観といえば、「天と奮闘する、その楽 窮まり無し、地と奮闘する、その楽 窮まり無し、人と奮闘する、その楽 窮まり無し」という若き日のモットー（座右の銘）がよく知られているが、まさに先の「沁園春 雪」にも見えるような自己イメージ、つまり天下や歴史を相手に人生を戦うという意識がかれの詩作を支えていたのかも知れない。人民共和国期でいえば、大躍進政策を強行していた時期、毛の胸中にあった共産主義社会実現への期待と興奮とが、世界と戦う自画像と結びついたとも言えるであろう。

天下や歴史と戦う意識がよくあらわれている作品として、『詩刊』で初めて公表された「七律 人民解放軍 南京を占領す」を見てみよう。

鐘山風雨起蒼黄、百万雄師過大江。
虎踞龍盤今勝昔、天翻地覆慨而慷。
宜将剰勇追窮寇、不可沽名学覇王。
天若有情天亦老、人間正道是滄桑。

鐘山の風雨 蒼黄を起し、百万の雄師 大江を過(わた)る。
虎 踞(うずくま)り 龍 盤(よこたわ)るとて 今は昔に勝れり、
天を翻し 地を覆さんと 慨而慷（心は昂ぶる）。
宜しく 剰(あまれ)る勇をもって 窮せる寇(てき)を追え、
名を沽(う)らんとて覇王に学ぶべからず。
天 若し情あらば　天もまた老いん、
人の間(よ)の正しき道は これ滄桑(へんか)なり。

鐘山に守られた南京に暴風雨が巻き起こり
いま百万の大軍が長江を渡河していく
古来難攻不落を謳われたこの名城だが それも昔のこと
天地が大きく覆り、我らの意気はいよいよ高い
今こそ我が軍の余勢をかって、逃げ場のない敵を殲滅せよ
評判を気にして結局は敗れた覇王の轍を踏んではならない
天にもし情(こころ)があるのなら、その天もまた老いるのだ
この世の真理とは 絶えざる変化なのだから

図23 「南京解放」を告げる新聞を見る毛沢東（中央文献研究室『毛沢東』中央文献出版社、1993年）

これは1949年３月、国民党と共産党の内戦の最終局面で、毛の率いる人民解放軍が圧倒的な勢いで長江を越え、国民政府の首都・南京を占領したさいに詠まれたものである（図23）。「鐘山」「虎踞龍盤」、いずれも古都南京にちなむ語であり、人物としては覇王が引き合いに出される。覇王別姫の物語でも知られる覇王こと項羽は、始皇帝の秦の後を受けて、漢の劉邦と天下を争った人物である。武勇にすぐれた項羽は、いくども劉邦を倒す機会はあったのに、無用の情けをかけてしまい、逆に最後は「四面楚歌」の中、敗死することになる。同様に毛沢東や共産党にも、内戦で多くの犠牲者を出すよりも、長江を境にして国民党と南北を分け合うという停戦案を勧めるむきもあった。だが、それら内外、往古の事例を踏まえた上で、毛は蔣介石を完膚なきまでに叩いたのだった。「天 若し情あらば　天もまた老いん、人の間の正しき道は これ 滄桑なり」と言ってはばからない毛沢東の詩には、ここでも歴史を相手に戦う者（おのれ）に対する強い肯定が見てとれるだろう。

【国家指導者として】

ここまで紹介した三つの作品は、いずれも人民共和国建国前のものだが、国家指導者となって後の毛は、どのような詩詞を残したのだろうか。紙幅の関係で一首のみとなるが、1965年の作「水調歌頭重上井岡山（重ねて井岡山に上る）」などは、毛沢東らしいものと言えるだろう。これも詞で、「水調歌頭」は詞のスタイルをあらわすもの、かつての革命闘争の地である井岡山を再訪して、というのが主題である。この井岡山とは、毛の革命運動における聖地とも言うべきところで、地理的に言えば、湖南省と江西省の省境に位置する人口まばらな山岳地帯である。1927年、約一千の兵を率いてこの山に立てこもったところから、毛の農村遊撃戦は始まる。つまりは、この地でともされた小さな革命の火がやがて中国全土に燃え広がることになるのである。詩は、その井岡山を38年ぶりに訪れた時の作、毛は感慨を込めてこう詠ずる。

久有凌雲志、重上井岡山。
千里来尋故地、旧貌変新顔。
到處鶯歌燕舞、更有潺潺流水、高路入雲端。
過了黄洋界、険處不須看。
風雷動、旌旗奮、是人寰。
三十八年過去、弾指一揮間。
可上九天攬月、可下五洋捉鼈、談笑凱歌還。

世上無難事、只要肯登攀。

久しく凌雲の志 有りて、重ねて井岡山に上る。
千里 来りて故地を尋ぬれば、旧貌は新顔に変ず。
到る處に鶯 歌い 燕 舞い、
更に有るは潺潺(せんせん)たる流水 高路 雲端に入る。
黄洋界を過ぎたり、険處 看るを須(もち)いず。
風雷 動(どよ)み、旌旗 奮うは、是れ人寰。
三十八年 過ぎ去り、指を弾く一揮の間。
九天に上りて月を攬(と)るべく、五洋に下りて鼈を捉るべし、
談笑凱歌して 還る。
世上難事 無し、只だ肯(あえ)て登攀を要せば。

長らくこの場所に思いを馳せていた いま再び井岡山に登る
はるばると故地を訪ねてみれば 昔の面影はなく
みな生まれかわっている
方々で鶯が鳴き、燕が舞う
沢の水はさらさらと
クルマは山の舗装道を雲の中にぐんぐんと
黄洋界（かつての砦）をあっという間に通り過ぎてしまったが
あの難所へ行く必要はもうない
革命の暴風が巻き起こり、赤き旗がはためく

これが人の世というものだ
あれから三十八年、思えばほんの一瞬のこと
天上天下を縦横に駆け巡り
そして今、笑顔で凱旋の時を迎える
この世にできないことなどない
やろうという気持ちがあるかどうかだ

この詞、「九天攬月」の「月」にしても「五洋捉鼈」の「鼈」(スッポン)にしても、典拠を云々すれば色々と工夫はあるし、当時の政治状況を加味してより深遠な解釈をすることもできる——「風雷動」を毛沢東に対する修正主義勢力の叛逆ととる——であろうが、読者はそんなテクニックよりも、句の持っている前向きのメッセージに励まされるに違いない。

毛沢東は、しばしば実践の人と評される。「知識を得たいのなら、現実変革の実践に参加しなければならない。梨の味を知りたければ、……自分で試しに食べてみることである」とは、かれの代表作『実践論』の一節である。若き革命家・毛沢東がわずかな手勢を率いて井岡山に入ったとき、やがて共産党の天下がくるとは、誰が予想しただろう。そんな声に対して、毛は「この世にできないことなどない。やろうという気持ちがあるかどうかだ」とさらりと答えるのである。他の人が言うとありきたりの励ましにしか聞こえないこの結句も、毛の口から出ると、「そうかも知れない」と人が感じる。そ

れがかれのカリスマ性なのである。

先に毛の詩の特徴として、天下や歴史を相手に人生を戦う姿勢を挙げたが、ここにもそうした生き方に楽しみを見いだし、「やればできる、わたしがやってやる」と自他を鼓舞する毛の人生観を見てとることができる。そう感じるのは、決してわたし一人ではあるまい。あるいは、かの音楽家・坂本龍一もそうした鼓舞を受けた者の一人なのかも知れない。なぜなら、かれのデビュー・ソロアルバム「千のナイフ　Thousand Knives」(1978年)の同名の最初の曲の冒頭(約一分半)は、毛の「重ねて井岡山に上る」の中国語朗読で始まるからである。もっとも、朗読といっても、電子的な方法で変声(ヴォコーダー)したものなので、よほどの人でなければ、それが中国語の詩(それも毛の詩)の朗読だとは気づかないだろうが。坂本がなぜ毛の詩を、それも「重ねて井岡山に上る」を選んだのかは、どうやら明かされない秘密のようだが、わたしはかれもある意味で毛(文革を含む)に惹かれ、その詩に鼓舞されたのではないか――中国イメージや詩の利用の仕方がやや屈折し、商業戦略的側面もあるようだが――と考えたい。

1966年に始まる文化大革命の狂熱の中で、毛の全てが神格化されると、これら毛の詩がかれの書の作品とともに、世に氾濫していった。熱にうなされるかのように毛への忠誠が競われる中、紅衛兵や造反派の雑誌、パンフレットは、どれも毛の詩を収録し、かれらの組織名や雑誌名にも、「百万雄師」だの、「追窮寇」だの(ともに出典は前出の「人民解放軍 南京を占領す」）といったネーミングをすることが流行し、はては今紹介した「重ねて井岡山に上る」の一句「捉鼈」（スッポンを捉える）をタイトルにするパンフレットさえ出るありさまだった。とにかく、毛沢東が使った言葉なら、何でもありがたいのである。毛の詩に勇ましい曲をつけた歌（毛主席詩詞歌曲）も次々と作曲され、全土に鳴り響いた。

こうした時代が十年ほども続いた1976年の元日、『人民日報』『紅旗』などの中国の主要メディアが一斉に、1965年に作られた毛の詩二首を大々的に公表した。そのうちの一つは、「重ねて井岡山に上る」で†††、同じ紙面の年頭論説はその詩の結句「世上難事 無し、只だ肯て登攀を要せば」を見出しとするものだった。だがこの時、「やればできる」という毛の呼びかけは、この詩が作られた時に持っていた力をもはや失っていた。表向きの報道は、全国人民がこの詩の精神に学ぶ運動を展開したと伝えていたが、現実にはそうした政治運動に誰もが倦み、またこの詩の作者もその生涯を終えようとしていたからである。確認できる限り、毛の詩詞とされるもののうち、最後の作品は1973年８月の「七律　「封建論」を読みて郭老に呈す」だが、これは詩というよりも、詩の形式をとった政治文書であり、普通の意味で言う詩詞としては、1965年の「重ねて井岡山に上る」など二首以降、毛が体をなす詩を作ることはなかった。それは先に

†††もう一首は「念奴嬌　鳥児問答」である。

掲げたグラフからも見てとれる。

ただし、他方で晩年の毛沢東は、自身の詩が後世に残ることを意識し、旧作の推敲と改訂に執念をみせた。1973年暮れ、毛は身辺の世話をする秘書（看護長）に命じて、みずからの全ての詩詞を清書させた上で、校訂をしている。それも一度ならず、二度も。時に毛沢東80歳、並々ならぬ執念と言わねばなるまい。毛が自らの文章や詩について、細かく校訂をする一種の完璧主義者であったということは、かれの性格を知る上で重要なことである。

例えば、普通に毛沢東の著作集と言えば、『毛沢東選集』（略称は毛選）が自然に思い浮かぶが、1951年に刊行がはじまったこの著作集を編むにあたって、かれはみずから収録著作を選ぶだけでなく、収録されるすべての文章に目を通し、多くの修訂を加えている。句読点や助字の修正のような小さいものもあれば、大幅な書き換えもあり、中には毛自身の認識が変わったため、それに合わせて内容を後の認識に合うようにしたものもある。そのおかげで、我々毛沢東を研究する者は、毛選に収められている文章が必ずしも発表時の文章とは言えないため、いちいち原文を確認せねばならないという面倒な目にあっているのだが、それは毛にとっては、完璧な文章を残すという思考回路の産物に過ぎないのである。そこには、誤った認識も含め、その時々の自分の書いたものをありのままに伝えるという考えは、みじんもない。

中国には「文章は経国の大業、不朽の盛事」という言い方がある。

普通は、すぐれた文章は国を治めるための重大な事業であり、永久に朽ちることがない、という意味に解する。毛の自らの文章へのこだわりを見て、わたしが真っ先に思い浮かべるのは、まさにこの言葉である。文章とは国の舵取りに直接にかかわる非常に重要なことである、逆に言えば、国を治める上で無用な誤解を引き起こすような文章を残してはならない、そうした意識がかれをして「定稿」へ向けた改訂に駆り立てたと言ってもよいかも知れない。

ただし、詩詞の改訂について言えば、政治文書のそれとは違い、毛にとっては相談相手のない孤独な作業であった。詩をすべて清書してくれた看護長は毛の信頼を得てはいたが、詩についてアドバイスできるような人物ではなかったし、陳毅や胡喬木といったかつての「詩友」たちも、ある者はすでにこの世を去り、あるものは文革の中で失脚していたからである。健康の問題もあって、晩年のかれは人前に出ることも少なくなり、書斎にこもりがちな、ある意味では孤独な老人となった。書斎にこもって何度も推敲を繰り返す文人、すなわち晩年のかれが望んだのは、おのれの革命と同じように、その詩詞もまた長く伝えられていくことだったのではなかろうか。いわば、毛の真の姿は、表向きの豪放な詩風からうかがわれる革命家とは、まったく別人だったかも知れないのである。

おわりに――日本の漢詩と毛沢東の不思議な縁

毛沢東の書や詩をどう評価するかは、なかなか難しい。本章でも紹介したように、政治家の書・詩は、専門の書家や詩人のそれとは異なるという意見もある。さらには、文革時期のように、長期にわたって到るところでかれの作品に囲まれた中国の人々は、刷り込み効果によって、そもそも毛の詩を平心に論じられないようになっているのだ、という声も聞く。毛の作品だという目で見ると、凡作も名作に見えてしまうというわけである。そうした名声先行の状況について、実は日本ともかかわるちょっと面白いエピソードがあるので、それを最後に紹介しておきたい。

1976年9月に毛が82歳で世を去って以降、毛の真筆や詩詞もいくつか新たに見つかっているが、その中に毛沢東が17歳の時（1910年）に作ったとされる「立志」の詩というものがある。おりから町の学校への進学を熱望していた毛は、次のような七言絶句をつくり、遊学を許してくれない父親の目に触れる場所に置いて、家出同然に郷里をあとにしたという。

孩児立志出郷関　学不成名誓不還。
埋骨何須桑梓地　人生無處不青山。

孩児 志を立てて 郷関を出ず、
学 名を成さずんば 誓って還らじ。
骨を埋むる 何ぞ桑梓の地を須いんや、
人生 處として青山ならざるは無し。

若き毛の心意気を示す好ましい詩と言いたいところだが、読者は「あれ？　どっかで見たことがあるような」と直感するのではないだろうか。特に印象的な結句「人生 處として青山ならざるは無し」は、二重否定のところを肯定型に直せば、「到るところ青山あり」となるが、こうなると、既視感はより強まるはずである。そう、日本では「人間 到るところ 青山あり」ということが多いあの詩である。毛沢東が作ったと中国で言われているこの「立志」の詩は、日本では次のような詩として知られている。

男児立志出郷関　学若無成死不還。
埋骨豈惟墳墓地　人間到處有青山。

男児 志を立てて 郷関を出ず、
学 若し成る無くんば 死しても還らじ。
骨を埋むる 豈に墳墓の地のみならんや、
人間 到る處 青山あり。

前の詩と用字が若干異なるとは言え、同工異曲、ほぼ同じ詩だと言って差し支えない。あぁ、この詩ならどこかで見たことがあるという方も多かろう。だが、日本でも知られているこの詩、もともとは毛沢東の詩だったの？　そんなことがあるだろうか？　実は、少し日本の漢詩に詳しい人なら、これが毛沢東よりもずっと古い幕末期の漢詩、それも日本人が作った詩「将東遊題壁」（まさに東遊せんとして壁に題す）だと答えてくれるかも知れない。あるいはもっと詳しい人なら、この詩は幕末の僧にして尊皇の志士・月性（げっしょう）の作であるということまで答えてくれるだろう。そう、中国では毛沢東の詩だと思われているこの詩は、実は幕末に作られたれっきとした日本製漢詩なのである。ただ紛らわしいのは、作者の月性という名前で、読者はあるいはこう問われるかも知れない。「幕末の志士の「げっしょう」なら、安政の大獄のさいに、鹿児島の錦江湾に西郷隆盛と身を投げて死んだあの月照のことじゃないの？」

ちょっとややこしくなってきたので、まず詩の作者「げっしょう」について、正解を言おう。「げっしょう」は、月性が正しい。月性は周防の人、錦江湾に身を投げた月照とは別人である。つまり、名前の読みが同じで、同じく幕末に生きた尊皇のお坊さん、さらにたまたま両「げっしょう」とも同じ年（1858年）に死んでいるので、この二人はよく混同され、かの有名な「人間 到る處青山あり」の詩も、「月照」の作と誤解されることが非常に多いのである。さらに誤解が誤解を呼んで、この詩は西郷隆盛の詩だと誤伝されることも珍しくない。青年よ、大志を抱いて故郷を出よ、死に場所はどこにだってあるのだ、という詩の内容は、なるほど西郷の詩だと言われれば、納得しやすい。そんな思い込みと誤解とが合わさってしまった結果、この詩は内容自体は有名なのに、作者については日本でも誤解している人が結構多いのである。

それでは、毛沢東がこの詩の作者だという中国の説は、一体どういうことなのか。これも結論を先に言ってしまうと、中国の人たちの誤解であって、毛沢東が残した公式の作品の中には、この詩は含まれていない。毛が立志の詩を書いたと言って、その内容を書き伝えたのは、毛沢東と幼なじみだった親戚の一人で、別に毛が書いた原稿などが残っているわけではないのである[‡‡]。こう書くと、根拠のないただのデタラメだったということで、それで話は終わるかに見えるが、デタラメの説明が生まれたのには、それなりの訳がある。実は、月性のこの詩を、若き日の毛沢東は知っていた可能性があるのだ。

月性の「将東遊題壁」の詩は、日本でかなりの人気を博したのみならず、実は中国にも広まり、大志を抱く青年を励ます詩として愛誦されていた。幕末の志士たちは、変革を志す中国の青年にとっても憧れの的だったからである。例えば、1898年に戊戌の変法運動が

---

‡‡毛に「立志」の詩があることをはじめて紹介したのは、毛の郷里の生家記念館の刊行物『毛主席的青少年時代』（韶山毛沢東旧居陳列館、1973年）とみられる。

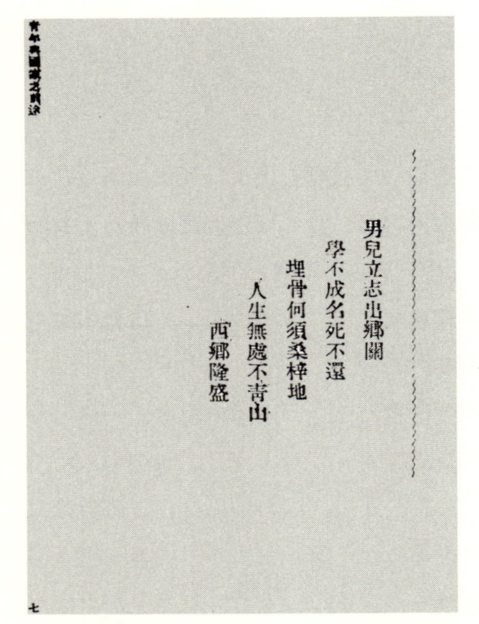
男兒立志出鄕關
學不成名死不還
埋骨何須桑梓地
人生無處不靑山
西鄕隆盛

七

図24　雑誌『新青年』に載った「西郷」の詩
（『新青年』1巻5号、1916年1月）

失敗におわり、捕縛の手が迫る中、一緒に逃走・亡命しようと説得に来た梁啓超にたいして、かれの盟友譚嗣同は「君は西郷たれ、われは月照となる。古来、誰かが血を流さねば変革はならない。自分がそれになるから、君は生き延びて西郷のように大業を果たしてくれ」と言い残して縛に就いたという言い伝えがある。それゆえ、そうした日本人志士たちの詩歌ももてはやされたわけである。月性の詩こそは、そうしたものの筆頭だった。

図24は、1916年に中国の青年向け啓蒙雑誌『新青年』に掲載された「将東遊題壁」である。『新青年』はその前年に創刊された進歩派の雑誌、主編陳独秀の差配のもと、中国文化の刷新をはかる新文化運動の旗振り役になったということは、日本でも大概の世界史教科書に書いてあるくらい有名な雑誌である。さて、その雑誌の空白頁の埋め草に使われたこの詩だが、出だしの二字（男児）は「将東遊題壁」と同じだが、それ以外はむしろ毛が書いたとされる「立志」詩に近い。さらに注目すべきは、最後に「西郷隆盛」の名が見える

ことである。月性の「将東遊題壁」が誤認と思い込みの積み重ねで西郷の作と誤解されることがあると先に述べたが、その誤解が中国でも起こっていたのである。そして毛とこの雑誌の関係だが、かれはこの翌年、「体育の研究」という文章をこの『新青年』に投稿し、メジャー雑誌へのデビューを果たしている。

そう、つまりは毛沢東は若き日に、この雑誌に載った「将東遊題壁」を見た可能性があるのだ。他方で、毛が「立志」の詩を書いたことがあるとして、回想でその詩句を示した毛の幼なじみは、それを1910年のこととするが、「将東遊題壁」が『新青年』に載ったのは1916年だから、回想をそのまま信じれば、毛の「立志」の詩は『新青年』を見てから書いたのではないということになる。さてどうか。諸般の状況を総合して考察すると、次のようなことだったのではないかと推測される。

清末以来、中国知識人に人気のあった維新の志士の作品として、『新青年』が「将東遊題壁」を1916年に掲載した。ただし、本来は月性作とすべきところ、巷説に惑わされて「西郷隆盛」の作という誤りの説明をつけてしまった。翌年にこの雑誌に投稿するつもりだった毛青年は、その詩を読んで気に入り、好んで朗誦した（あるいは一部字句を修正した上で、自らを励ます詩としてどこかに書き付けていたかも知れない）。それを知っていた郷里の幼なじみは、後年毛の若いころの逸話を求められ、年代を適当にごまかした上で（あるいは年代を勘違いしたまま）、立志の詩を若き毛の作品として紹介した。かくて毛沢東が若い時分に中国でもてはやされていた日本由来の詩が、字句を微修正した上で、偉大な革命家の「立志」の詩として広まってしまったというのが、真相に近いのではないかと見られる。あの毛沢東ならきっとこんな遠大な志をもっていたに違いない、そんな先入観がかれの詩への評価に直結したというわけである。

神のごとき存在となったがゆえに、毛沢東の作品は、作品自体ではなく、「毛沢東の詩」として評価され、愛誦されてきた。それはかれの詩にとって幸いだったかどうか。また、こんな実話もある。文革の初期、旧詩好きのある青年の作った詩十数首が、当人の知らぬ間に紅衛兵たちが編纂した『未発表的毛主席詩詞』なる詩集に収録されてしまい、その青年は「毛主席の詩詞を偽造した反革命分子」という罪名を負わされて、十年以上も迫害された、と。この笑えぬ喜劇の焦点も、問題はその詩自体にあったのではなく、「毛沢東の詩」だという点にあった。

最近も、党の機密文献を扱える部署を定年退職した高文明と称する党幹部が、毛の未発表の詩十七首をネットに公表して話題を呼んだが、間もなく当該部署が「高文明なる人物が在籍した事実はない。ネットに発表された詩もすべて偽造で、毛の詩とは全く無関係のものである」と声明を出すということがあった。

毛関連のものを含め、情報公開がほとんど進んでいないという中国の事情が、こうした偽情報、偽文書の横行の背景にあることは言うまでもない。ただし、そうした怪しげな情報が今でも毛沢東をめぐって流れることが多いのは、やはり毛の存在がなお特別なものだからであろう。毛沢東の名を離れてその作品が評価される日は来るか。来るとすれば、いつか。そしてその時、天安門にかかっている毛の肖像画は外されているか、それとも別人のものになっているか。死して四十年余り、俗に「棺を蓋いて事定まる」というが、棺を蓋いて四十年になっても、毛を取り巻く事はなお定まらない。巨人たるゆえんであろう。

【参考文献】

武田泰淳・竹内実『毛沢東―その詩と人生』文藝春秋、1975年
『永懐領袖』黎明文化事業、1977年
竹内実『増補 毛沢東ノート』新泉社、1978年
路丁『轟動全国的「偽造毛主席詩詞」冤案』湖南文藝出版社、1986年
王鶴濱『行書書聖毛沢東』中国人事出版社、1993年
蘇桂主編『毛沢東詩詞大典』広西人民出版社、1993年
逄先知著、竹内実・浅野純一訳『毛沢東の読書生活：秘書がみた思想の源泉』サイマル出版会、1995年
木山英雄『人は歌い人は哭く大旗の前――漢詩の毛沢東時代』岩波書店、2005年
河田悌一『書の風景：書と人と中国と』二玄社、2007年
湘潭市関心下一代工作委員会編『毛沢東青少年時代的故事』中国青年出版社、2013年
龍剣宇『毛沢東手跡尋蹤』中共党史出版社、2016年
松宮貴之『中国の政治家と書』雄山閣、2017年

《執筆者》
村上　　衛（むらかみ えい）　1973年生まれ　京都大学人文科学研究所准教授　中国近現代史
森川　裕貫（もりかわ ひろき）　1979年生まれ　関西学院大学文学部准教授　中国近現代史
石川　禎浩（いしかわ よしひろ）　1963年生まれ　京都大学人文科学研究所教授　中国近現代史

京大人文研漢籍セミナー 8

中国近代の巨人とその著作
曾国藩、蔣介石、毛沢東

2019年 1 月10日第 1 版第 1 刷印刷
2019年 1 月18日第 1 版第 1 刷発行

定価［本体1500円＋税］

編　者　京都大学人文科学研究所附属
　　　　東アジア人文情報学研究センター
発行者　山　本　實
発行所　研　文　出　版（山本書店出版部）
〒101－0051
東京都千代田区神田神保町 2 － 7
TEL 03（3261）9337
FAX 03（3261）6276
印刷・製本　モリモト印刷

ISBN978-4-87636-441-1

京大人文研漢籍セミナー シリーズ

古いけれども古びない
歴史があるから新しい

1 漢籍はおもしろい	1800円
総説　漢籍の時空と魅力	武田　時昌
錯誤と漢籍	冨谷　至
漢語仏典―その初期の成立状況をめぐって	船山　徹
使えない字―諱（いみな）と漢籍	井波　陵一
2 三国鼎立から統一へ―史書と碑文をあわせ読む	1500円
魏・蜀・呉の正統論	宮宅　潔
漢から魏へ―上尊号碑	井波　陵一
魏から晋へ―王基碑	藤井　律之
3 清華の三巨頭	1800円
王国維―過去に希望の火花をかきたてる	井波　陵一
陳寅恪―“教授の教授”その生き方	古勝　隆一
趙元任―見えざることばを描き出す	池田　巧
4 木簡と中国古代	1600円
中国西北出土木簡概説	冨谷　至
漢代辺境出土文書にみえる年中行事―夏至と臘	目黒　杏子
木札が行政文書となるとき―木簡文書のオーソライズ	土口　史記
5 清　玩―文人のまなざし	1900円
古鏡清玩―宋明代の文人と青柳種信	岡村　秀典
李漁の「モノ」がたり―『閒情偶寄』居室・器玩部より	髙井たかね
利他と慈悲のかたち―松本文三郎の仏教美術観	稲本　泰生
6 目録学に親しむ―漢籍を知る手引き	1500円
目録学―俯瞰の楽しみ	古勝　隆一
子部の分類について	宇佐美文理
目録学の総決算―『四庫全書』をめぐって	永田　知之
附録 漢籍目録の参考文献	古勝　隆一
7 漢籍の遥かな旅路―出版・流通・収蔵の諸相	1700円
明末の天主教漢籍と日本のキリシタン版	中砂　明徳
漢籍購入の旅―朝鮮後期知識人たちの中国旅行記をひもとく	矢木　毅
モンゴル時代の書物の道	宮　紀子

〈以下続刊〉

＊表示は本体価格です。